U0459638

新型城镇化建设与财政支持模式

New Urbanization Construction and Financial Support Model

梁益琳　著

中国财经出版传媒集团
经济科学出版社
Economic Science Press

图书在版编目（CIP）数据

新型城镇化建设与财政支持模式/梁益琳著.
—北京：经济科学出版社，2020.6
ISBN 978 – 7 – 5218 – 1575 – 7

Ⅰ.①新… Ⅱ.①梁… Ⅲ.①城市建设 – 财政
政策 – 研究 – 中国 Ⅳ.①F299.21

中国版本图书馆 CIP 数据核字（2020）第 086709 号

责任编辑：周秀霞
责任校对：王苗苗
责任印制：李 鹏 范 艳

新型城镇化建设与财政支持模式

梁益琳 著

经济科学出版社出版、发行 新华书店经销

社址：北京市海淀区阜成路甲 28 号 邮编：100142

总编部电话：010 – 88191217 发行部电话：010 – 88191522

网址：www.esp.com.cn

电子邮件：esp@esp.com.cn

天猫网店：经济科学出版社旗舰店

网址：http://jjkxcbs.tmall.com

北京季蜂印刷有限公司印装

710×1000 16 开 12.75 印张 190000 字

2020 年 7 月第 1 版 2020 年 7 月第 1 次印刷

ISBN 978 – 7 – 5218 – 1575 – 7 定价：52.00 元

（图书出现印装问题，本社负责调换。电话：010 – 88191510）

（版权所有 侵权必究 打击盗版 举报热线：010 – 88191661

QQ：2242791300 营销中心电话：010 – 88191537

电子邮箱：dbts@esp.com.cn）

本书是

山东省社会科学规划研究项目（19DJJJ01）的阶段性研究成果

　　新型城镇化是以新型产业和信息化为驱动力，以提升文化、生态、公共服务等为核心，推动城乡一体化发展的过程。公共财政因其资源配置、收入分配、经济稳定与发展等重要职能，是促进新型城镇化建设的重要力量，与新型城镇化的发展需求高度契合。根据国家及《山东省统计年鉴》的数据资料显示，山东作为经济大省，尽管现阶段新型城镇化建设的财政投入增长稳定，城镇的综合承载力、集聚力和辐射力明显提升，但与发达省份相比城镇化水平还有一定差距，财政支持效率相对较低。因此，如何构建符合区域发展实际的财政支持模式、优化财政支持结构、完善财政支持评价监督体系已成为亟待解决的难题。

　　基于上述背景，本书首先对新型城镇化与财政支持两类概念进行了界定，明确其所包含的构成要素、发展特征及统计方式，进一步聚焦课题研究对象所涉及的理论范畴与数据来源。随后分别对新型城镇化与财政支持之间的相互影响与促进关系进行归纳分析，提出二者间具有高度的契合性：一方面完善公共财政能够促进新型城镇化建设；另一方面新型城镇化有助于经济发展，提升财政收入，从而实现新型城镇化与财政支持之间的良性循环。此外，本书从财政支出理论、经济增长理论、城镇化及城乡统筹等角度对财政支持新型城镇化的相关理论进行深入阐述，为后续研究提供了强有力的理论支持。

　　近年来我国政府实施积极的财政政策，在公共设施、生态环境、就业、社会保障等诸多领域较好地为新型城镇化建设提供了资金、政策等多方位的支持，有力地促进了我国新型城镇化的发展。然而，通过分析我国及山东省财政支持新型城镇化建设的现状，发现在参与主体、实施路径、发展质量、投入规模、产出效率等方面均存在较多问题，主要体现在财政支持的二元特征不断扩大，支持渠道单一，支出结构不合理，各级财政部门重决策分配轻产出结果；投融资平台发育不健全，资金缺口较大，难以对城镇化建设形成有效支持；区域发展不平衡，发展方式粗放，现有体制机制存在弊端等等。

针对上述现状及存在的问题，本书通过分析新型城镇化建设对公共财政的需求特点，构建政府、企业、民众和金融机构多主体参与的新型城镇化建设财政支持联动模式，并据此设计财政支持联动模式的实现方式、动力机制和作用机理。其中，各级财政投入与其他参与主体推动新型城镇化建设形成直接产出与带动效应，并与其联动效应之间具有较强的相关性，同时新型城镇化直接产出与带动效应之间也存在较强的相关性，各要素之间的联动关系紧密，能够形成螺旋式的促进效应。该模式的动力机制是以政府引导、市场驱动、政策促进和制度保障为主导动力，技术创新和制度创新为动力引擎，共同对新型城镇化建设产生推动作用。根据系统科学理论的"输入—转换—输出—反馈"原理，本书将财政支持联动模式的评价要素概括为目标决策、支出分配、运行管理、基础产出、发展质量等维度，形成财政支持新型城镇化建设作用机制的基本框架。

基于所构建的新型城镇化建设财政支持联动模式及其评价体系，本书详细设计了各类指标的测量量表及度量方法，并根据 DEA 模型的特征要求，确定模型评价决策单元。而后运用 CCR 和 BCC 模型计算山东省 17 地市新型城镇化建设的财政支持效率；同时借助 SBM 模型对技术效率有效地市的财政支持效率值进行排序，揭示该类地市财政支持效率间的差异，并客观分析无效决策单元资源配置的不合理之处，明确影响新型城镇化建设财政支持效率的关键因素。

最后以理论分析、综合评价及效应检验为基础，根据区域新型城镇化发展特征及财政支持新型城镇化建设的效率状况，从创新财政管理体制、创建多元化投融资机制和产业支撑体系、完善其他配套措施等方面提出促进城乡协调发展的新型城镇化建设财政政策措施，以期为各地新型城镇化发展路径及其财政支持模式的选择提供有价值、可操作性强的理论分析范式和定量决策工具。

　　作为对我国新型城镇化建设财政支持模式的创新研究，本书从理论和实践层面对财政支持模式的要素、特征、运作机制、应用范围等内容进行了相对全面的分析，并着重对理论架构、发展模式、实施策略和应用实践进行探索。旨在通过剖析新型城镇化建设财政支持模式，完善关于财政支持新型城镇化建设研究领域的理论体系，对财政支持理念的创新和改革起到引导作用，从而为实践应用和理论研究提供借鉴。本书在提出思路、拟订提纲、撰写主要内容并修改定稿的过程中，得到了山东财经大学管理科学与工程学院各位领导和同事的大力支持，借此机会表示感谢。写作过程中还参考了相关学者的研究成果，并从中得到了一些启示，已尽量将所有贡献在书中注明，在此一并致谢。

　　当然，由于本人水平有限，书中难免有粗疏及不足之处，敬请各位前辈、同仁、读者批评指正。

梁益琳

2019 年 12 月于山东财经大学燕山校区

Contents | 目 录

第1章 绪 论

以新型城镇化建设中的财政支持问题为研究对象，阐明构建科学有效的财政支持模式及其评价体系能够为新型城镇化建设提供有价值的理论指导、决策依据与实践措施。通过梳理相关领域研究成果，从新型城镇化建设现状与现有财政支持措施及实践状况两条主线，对已有研究进行评述，进而提出本研究的技术路线、研究方法及内容架构。

1.1 选题背景与研究意义

城镇化发展水平是一个地区经济社会发展水平的重要标志。建立与新型城镇化发展相适应的财政支持体系，更好地发挥财政的职能，能够为经济发展和公民的全面发展提供公共产品和服务。因此，合理的财政支持结构、与经济发展相适应的财政支持模式，不仅对我国新型城镇化建设产生积极作用，而且对我国经济社会的转型与升级，具有重要的理论和现实意义。

1.1.1 选题背景

新型城镇化是以新型产业和信息化为驱动力，由片面追求城镇规模扩大、空间扩张向以提升基本公共服务、实现城乡统筹协调发展等为中心转变的多元演化过程。近年来，我国政府先后采取许多覆盖城乡的财政支持政策，加强对新型城镇化建设的财政扶持力度，各类要素从乡村逐渐向城镇聚集，我国城镇化率从 2000 年的 36.22% 快速上升到 2016 年的 57.35%，形成巨大的经济增长动力。然而我国新型城镇化建设带有明显的方式粗放、高消耗、区域差距大等特征，存在资源利用粗放、财政体制不完善、财政资金短缺等问题，严重制约了城镇化可持续发展①。聚焦山东省新型城镇化发展进程，除了存在我国新型城镇化建设所共同面临的通病外，还存在一些必须高度重视和需要着力解决的区域性问题和制约因素，例如发展质量欠缺；城市群发展滞后，大中城市辐射带动能力有待提升；基础设施和公共服务承载力不强，城镇土地利用效率不高等。这些问题不仅影响了山东省财政支持新型城镇化建设的直接产出和发展质量，同时也指明了财政支持体系的缺陷和亟待优化的方向。

因此，构建符合山东省发展实际的财政支持模式、提高财政支持效率成为政府与学术界关注的重点，是解决新型城镇化建设问题，提供科学决策依据的首要步骤②③。在理论研究层面，构建科学、合理的财政支持模式及其评价体系是分析公共财政对新型城镇化建设的作用机制、规范数据采集和统计分析流程的系统量化工具；在实践层面，其是评价山东省新型城镇化建设财政支持总体状况和影响因素、优化财政支持政策的基础保障和决策工具。

1.1.2　研究意义

鉴于财政支持新型城镇化建设在理论和实践上的重要价值，国内外学者从不同视角展开大量研究，主要集中在财政支出与新型城镇化建设二者间的作用关系以及财政绩效评价两方面，而上述研究的结论和观点均因样本区域要素水平的影响而呈现差异性④。关于二者间的作用关系，西方国

① 中国经济增长前沿课题组. 城市化、财政扩张与经济增长 [J]. 经济研究，2011（11）：4 – 20.

② 段国旭. 城镇化进程的财政动力研究 [J]. 财政研究，2009（1）：42 – 45.

③ Wahab, M. Asymmetric Output Growth Effects of Government Spending [J]. International Review of Economics and Finance, 2011, 20（4）：574 – 590.

④ 张义博. 财政支出及其结构的经济效应：国外研究评述 [J]. 经济评论，2012（2）：139 – 145.

家经验数据的代表性观点认为新型城镇化建设具有公共产品属性和很强的
外部效应，政府必须运用财政手段对其进行支持和保护①，尤其对落后地
区经济发展更为重要，例如可通过公共资本、基础设施和 R&D 等财政措
施提高要素生产率②。同时也有学者指出财政支持对新型城镇化建设的经
济推动效应具有非单调和非对称性特征，受到当地趋势增长率、实际利率
水平等因素的显著影响③。国内学者则结合中国发展实际和已有财政支持
经验提出，无论从短期还是长期来看，财政支持对新型城镇化建设均具有
显著影响，二者间存在着稳定的相互关系，应注重财政支持与新型城镇化
建设的良性循环④。可见，在该研究方向国内外学者的观点在一定程度上
不谋而合，如何根据区域多元化和经济差异选择财政支持路径是有效开展
新型城镇化建设财政支持评价的关键。关于财政支持的绩效评价研究，较
之西方国家国内研究虽起步较晚，但均以"关注结果、强调绩效"为导
向，先后将其列为财政管理体制改革的核心内容，并形成了多样化的指标
体系，认为评价研究不仅是分析财政支持影响因素从而持续改进与提高绩
效水平的前提，也是消除政府部门官僚思维向社会纳税人负责的实质性探
索⑤。有所区别的是，国内学者在评价指标构建方面更多是从系统输入和
系统输出角度围绕财政支出规模、强度以及财政支出结果展开⑥，较少涉
及财政支持的作用过程和延伸价值。

上述研究的差异性表明，财政支持新型城镇化建设的作用关系是由一
系列紧密联系的各种要素的变化过程所影响和制约的，各国应根据城镇化

---

① Henderson, J. V. Urbanization and city growth: The role of institutions [J]. Regional Science and Urban Economics, 2007, 37 (3): 283 – 313.

② Macomber, J. The Role of Finance and Private Investment in Developing Sustainable Cities [J]. Journal of Applied Corporate Finance, 2011, 23 (3): 64 – 74.

③ Bruckner, M. Economic growth, size of the agricultural sector, and urbanization in Africa [J]. Journal of Urban Economics, 2012, 71 (1): 26 – 36.

④ 孙文基. 促进我国城镇化发展的财政制度转型研究 [J]. 苏州大学学报, 2011 (5): 62 – 66.

⑤ 章磊, 张艳飞, 李贵宁. 财政支出项目绩效评价指标体系设计框架及其应用研究 [J]. 当代财经, 2008 (8): 50 – 54.

⑥ 王淑慧等. 绩效预算的财政项目支出绩效评价指标体系构建 [J]. 财政研究, 2011 (5): 20 – 23.

发展实际选择适宜的财政支持方式和路径，避免因经济基础和发展能力的不匹配产生效率损失，才能从根本上实现财政支持新型城镇化建设的初衷。就我国而言，地域自然、经济、社会差异更为显著，更需要在合理评价财政支持新型城镇化建设绩效水平的基础上，选择适合不同城镇化背景下的区域差异化的财政支持模式和发展路径。然而，文献研究和实践应用发现：第一，目前基于新型城镇化建设的评价研究多以城镇化综合发展为评价对象，鲜有研究构建专门的新型城镇化建设财政支持模式及评价模型。虽然国内已有学者开始关注新型城镇化建设的财政支持效率及其评价，但这些研究以定性分析为主，多是通过要素关系的理论构建和指标的理论筛选确定评价模型，缺少指标的定量分析以及模型的信度和效度检验过程。第二，实际绩效评价工作与理论研究相脱节，评价指标设计普遍存在重支出分配轻支出后绩效的现象，没有或较少涉及财政支出后对新型城镇化建设的作用过程和运行结果，从而评价指标选取缺乏科学性与系统性，难以客观全面地反映现实绩效，特别是对财政支持新型城镇化建设的根本使命和可持续效应反映不足，很可能阻碍整个财政支持绩效评价及其支出本身的良性发展。

　　针对已有研究不足，本研究从系统科学理论视角剖析公共财政与新型城镇化建设的作用机制，构建新型城镇化建设的财政支持模式及评价要素体系，利用统计数据对具体指标进行理论筛选和实证检验，并基于 DEA 模型对所设计的财政支持模式进行效应分析，以期为山东省新型城镇化发展路径和财政支持模式的选择提供有价值、可操作性强的定量分析工具。

1.2　研究现状述评

　　公共财政支持新型城镇化建设作为政府对城镇化进行宏观调控的核心措施，一直是理论界研究的热点和难点，国内外学者基于不同视角、采用不同方法对该问题进行了大量深入的理论和实证研究，形成了一系列重要成果。本书以城镇化发展理论、公共财政理论及经济增长理论的研究为主线，评述新型城镇化建设的研究现状，以及在该领域现有财政支持措施及实践状况，据此相关研究可归纳为以下两方面：

1.2.1 城镇化建设问题研究

从西班牙工程师塞达于 1867 年首先使用了 urbanization（城镇化）一词，到 20 世纪 50 年代，随着世界范围内城市化进程加快，urbanization 一词开始风靡世界。经济学认为城市化是人类社会现代化和经济增长的伴随产物，本质上即为社会经济结构由农业向工业、第三产业发展的一种表现形式。社会学对城市化的定义强调城市化意味着乡村生活方式向城市生活方式转变的全过程①。人口学强调城市化就是人口从乡村地区流入大城市以及人口在城市的集中。罗西在社会科学词典中给城市化下的定义：一是城市中心对农村腹地影响的传播过程；二是全社会人日益逐步接受城市文化的过程；三是人口集中的过程；四是城市人口占全社会人口比例的提高过程。

松巴特（Sombart）、芒罗（Munro）、沃伊廷斯（Voitins）等认为第一产业生产力是否有余力，是决定全世界城市化水平的前提条件。韦伯（Weber，1929）认为城市化是由工业化所产生的劳动力分工在空间上的反应②。斯科特（Scott）认为是劳动过程的相互依赖性促进了企业集聚，从而促进城市化。文斯（Vance，1970）认为第三产业在就业中占的比例越高，城市化水平就越高③。也有人从经济发展角度进行研究，发现经济发展与城市化存在密切关系。兰帕德（Lampard，1955）指出，美国城市发展与经济增长之间呈现一种非常显著的正相关④。雷诺（Renaud，1981）在对 111 个国家进行分析后，发现当人均 GNP 从 250 美元增加到 1500 美元时，人口的城市化水平一般会从 25% 上升到 50%，当人均 GNP

---

① Guterman, S. S. In Defense of Wirth's "Urbanism as a Way of Life" [J]. American Journal of Sociology, 1969, 74 (5): 492 - 499.

② Weber, A. Theory of Location of Industries [J]. Mat. sb, 1929, 9 (3): 5 - 26.

③ Vance, J. E. The Merchant's World: The Geography of Wholesaling [M]. Engle wood cliffs: Prentice-hall, 1970.

④ Lampard, E. E. The History of Cities in the Economically Advanced Areas [J]. Economic Development and Cultural Change, 1955, 3 (2): 81 - 136.

达到 5000 美元时，城市化水平会上升到 75% 以上①。亨德森（Henderson，2000）还计算得出世界各国城市化率与人均 GDP 之间的相关系数为 0.85②。

由于我国学者在研究城市化问题之初，对城市与城镇概念的混淆，出现了"城市化"和"城镇化"两种译法，其实在英文中均为 urbanization 一词。2001 年公布的《中华人民共和国国民经济和社会发展第十个五年计划纲要》中首次提出："要不失时机地实施城镇化战略"。为统一说法，国内相关教材在表述上多采用"城镇化"。目前在户籍制度改革没有大的进展的背景下，虽然中央没有明文规定，许多城市化政策趋向于就地的城镇化，即在乡村所在地进行城镇化建设，以避免人口的过度集中。显然，这种做法与国外广义的城市化有明显区别，城镇化一词的广泛使用是具有现实意义的。

关于城镇化建设的动力机制，国内学者的研究大致可分为三类：一是产业结构转换动力机制。段杰和李汪（1999）指出同全球发展趋势一样，中国城镇化发展的最基本动力是产业的空间集聚，也就是工业化过程，其中农业发展是城镇的初始动力，而在产业革命后，工业化是城镇化的根本动力③。仇保兴（1999）在研究浙江金华城镇化动力的基础上，将产业结构转换总结为"工业集聚"及"市场建设和第三产业的发展"④。二是二元理论模式，即自上而下型和自下而上型。自上而下型是指政府"按照城市发展战略和社会经济发展规划"，运用计划手段或经济杠杆"发展若干城市并安排城市建设投资"的一种模式。这一模式中，政府决定了城镇化的方向、速度、形式和战略安排，"以较快的时间和速度推动了我国城镇化体系的建立"⑤；自下而上型是指以乡村集体或个人投资为主体，通过乡村工业化实现乡村城镇化。自下而上型的动力机制来源于外部，即通过

① Renaud, B. National urbanization policy in developing countries [M]./National urbanization policy in developing countries/. Oxford University Press, 1981.

② Henderson, J. V. How Urban Concentration Affects Economic Growth [J]. Social Science Electronic Publishing, 2000 (42): 1 - 42.

③ 段杰，李江. 中国城市化进程的特点、动力机制及发展背景 [J]. 经济地理, 1999 (12): 79 - 83.

④ 仇保兴. 关于城市化的若干问题 [J]. 宏观经济研究, 1999 (4): 12 - 17.

⑤ 辜胜阻. 中国自下而上城镇化的制度分析 [J]. 中国社会科学, 1998 (2): 60 - 70.

政策、资金、地方政府的作用、农民群体和区外力量等①促进乡镇企业发展、劳动力转化和小城镇建设，实现城镇化。三是资本来源模式。有关中国的城镇化动力也应从城镇化的资本来源区分，政府、企业、个人的投资促进了城镇化的发展。相关研究表明科技进步的推动力②、城乡之间的相互作用力、地区或国家的经济作用力等也是城镇化动力机制的具体表现。

针对城镇化发展道路的研究可分为小城镇、大城市、中等城市及多元化观点。关于小城镇的发展方式，费孝通（2010）认为小城镇化是农村地域转化为城市地域的过程，体现为非农产业的发展、农村劳动力向小城镇转移，其动力来自经济体制改革、人多地少的农村推力和非农产业高收益带来的城镇拉力③。在充分肯定小城镇作用的同时，小城镇派也开始正视小城镇发展中出现的问题。辜胜阻等（2017）明确指出农村工业乡土化、农民就业兼业化、小城镇发展的无序化和单一化等现象严重。"大城市论"者认为大城市具有远大于小城镇的规模效益，且存在"大城市超前发展的客观规律"，进而提出城镇化应以大城市为重点④。王桂新（2011）认为我国存在的"大城市病"问题与城市规模无必然联系，与管理不善密切相关⑤。同时，王旭（2006）引入了国外大都市带大城市论，为我国"都市圈"理论的发展奠定了基础⑥。"中等城市论"认为，从经济效益、社会效益和环境效益的统一来看，中等城市在人口、空间、经济这三大要素的结合上矛盾最小，且具有承"大"启"小"的地位和作用，故而应以中等城市作为现阶段发展重点，从"次区域发展中心"的角度形成更为合理的区域城镇网络，加强特色建设⑦。多元论观点由周一星首先提出，我国

① 崔功豪，马润潮. 中国自下而上城市化的发展及其机制 [J]. 地理学报，1999（2）：106－115.
② 段杰，李江. 中国城市化进程的特点、动力机制及发展背景 [J]. 经济地理，1999（6）：79－83.
③ 费孝通. 中国城镇化道路 [M]. 内蒙古人民出版社，2010.
④ 辜胜阻，吴永斌，郑超. 浙江城镇化及小城市培育的思考与建议 [J]. 浙江社会科学，2017（12）：42－51＋156－157.
⑤ 王桂新. 中国"大城市病"预防及其治理 [J]. 南京社会科学，2011（12）：55－60.
⑥ 王旭. 美国城市发展模式：从城市化到大都市区化 [M]. 清华大学出版社有限公司，2006.
⑦ 吴良镛，毛其智. 关于我国中等城市发展问题的探讨——兼论京津冀地区中等城市的成长 [J]. 城市发展研究，2005，11（6）：49－53.

城镇化道路的选择，必须由过去主要发展小城市为主，转向以大中城市为主导、大中小城市实现全面发展①。具体来讲就是，挖掘大城市的潜力，扩大和建设中等城市，择优和适度发展小城市，进而加速中国的城镇化进程。20世纪90年代以来，"多元论"的内容发展更为丰富，提出了"城镇化战略""双轨归一说""综合阶段论""三元结构论"等②③。近年来，新型城镇化作为城市化发展的新阶段，我国学者对新型城镇化的概念、特征、发展道路、评价指标、与新型工业化关系等问题开展了大量研究④⑤，认为新型城镇化是针对我国城市化进程中所出现的问题而提出的全新城市化理念⑥，也是在新型工业化背景下提出的全新城市化战略。

1.2.2 财政支持新型城镇化研究

如何构建财政支持模式促进城镇化建设是近年来国内外理论界、企业界和政府关注的重点和难点。公共财政本来就是为解决中国自身问题的需要而提出的一个富有中国特色的概念，无论是称之为"公共财政"也好，还是称之为"财政"也罢，都不意味着其公共属性的任何变化⑦。针对不同国家及不同的发展阶段，国外学者对此进行了大量研究，主要围绕财政支出与城镇化建设的特征、作用关系及经济效应等展开。

一是关于公共选择理论的研究。公共选择理论的特点是将市场经济的理论和"经济人"的分析理论应用于公共决策领域，从而解决了政府决策行为分析中的一些难题。1954年，萨缪尔森发表了《公共支出的纯理论

---

① 周一星，孟延春. 中国大城市的郊区化趋势 [J]. 城市规划汇刊，1998 (3)：22 – 27.

② 徐明华，盛世豪，白小虎. 中国的三元社会结构与城乡一体化发展 [J]. 经济学家，2004 (6)：20 – 25.

③ 方创琳，王德利. 中国城市化发展质量的综合测度与提升路径 [J]. 地理研究，2011，30 (11)：1931 – 1946.

④ 李程骅. 科学发展观指导下的新型城镇化战略 [J]. 求是，2012 (14)：35 – 37.

⑤ 苗建萍，新型城镇化与新型工业化的互动发展机制 [J]. 经济导刊，2012 (1)：94 – 96.

⑥ 林聚任，王忠武. 论新型城乡关系的目标与新型城镇化的道路选择 [J]. 山东社会科学，2012 (9)：8.

⑦ 高培勇. 公共财政：概念界说与演变脉络——兼论中国财政改革30年的基本轨迹 [J]. 经济研究，2008 (12)：4 – 16.

分析》一文，将物品分为"私人消费品"和"集体消费品"；1955年，他又发表了《公共支持理论的图解》，将"集体消费品"改为"公共消费品"，这是公共物品理论的经典著作。公共支出效率方面的理论研究成果主要包括莱本斯坦的X—效率理论和尼斯坎宁的垄断官僚经济理论。阿舍纳（Aschaner，1985）主张要区分政府消费与政府资本积累的不同作用，政府资本存量对生产率的增长具有正效应[1]，但政府消费对经济增长的作用要小得多。

二是关于新型城镇化建设财政投入对区域经济作用的研究。戴维斯和亨德森（Davis & Henderson，2004）发现一个国家的城镇密度越大，该国家的财政政策对城镇化水平的直接影响越深[2]。莱曼（Lehmann，2012）认为城镇化建设具有公共产品属性和很强的外部效应，政府必须运用财政手段对其进行支持和保护，例如可通过公共资本、基础设施和R&D等财政措施提高要素生产率[3]。部分学者根据各国城镇化率与人均GDP、区域经济间相关关系提出，财政投入对落后地区经济发展更为重要，与城镇发展呈现显著的正相关[4]。另一观点认为由于政府投入实施滞后性，财政支持措施短期内会产生较小的效应，如果公共支出的生产性不够强，那么长期内也将产生经济收缩效应[5]，而实证研究发现新型城镇化建设的财政支持效应具有非单调和非对称性特征。

三是关于财政支持效率的研究。由经济合作与发展组织（OECD）提出的生产者补贴等值，澳大利亚产业援助委员会提出的名义支持率和有效扶持率，以及WTO"农业协议"中采用的综合支持量等，是主要研究创建测量农业政策支持水平的定量方法和指标。20世纪80年代末期，财政

① Aschauer, D. A. Fiscal Policy and Aggregate Demand [J]. American Economic Review, 1985, 75 (1): 117 – 127.

② Davis, J. C., Henderson, J. V. Evidence on the political economy of the urbanization process [J]. Journal of Urban Economics, 2004, 53 (1): 98 – 125.

③ Lehmann, S. Can rapid urbanization ever lead to low carbon cities? [J]. Sustainable Cities and Society, 2012, 3 (7): 1 – 12.

④ Choi, W. G., Michael, B. D. Asymmetric Effects of Government Spending: Does the Level of Real Interest Rates Matter? [J]. IMF Staff Papers, 2006 (53): 147 – 181.

⑤ Shahbaza, M., Lean, HH. Does financial development increase energy consumption? The role of industrialization and urbanization in Tunisia [J]. Energy Policy, 2012, 40 (1): 473 – 479.

效率理论才真正在西方国家经济学界系统地研究和建立起来。美国经济学家莱维特（Levitt）和乔伊斯（Joyce）在 1989 年出版的《公共支出的增长与效率》一书是这方面的代表作。该书从费用与效益对比的角度来研究财政效率问题，但遗憾的是，没有揭示财政效率的内涵。迪亚科瓦斯（Diakosavvas，2002）在《如何测量农业支持水平：OECD 和 WTO 计算方法的比较》一文中，对欧盟、美国和日本进行了研究，他采用 OECD 的生产者支持等指标和乌拉圭农业协议（URAA）的综合支持量指标进行比较，进而得出农业支持政策调整所取得的进展①。梅卢基纳（Melyukhina，2011）在《OECD 非成员国支持水平测定》一文中，对七个被监测国家的生产者支持等值和消费者支持等值的测算，得出了转型国家的农业支持水平②。一般来说，测度财政支持城镇化支出效率的方法有两类：一类是通过建立可量化的完整指标体系来测度效率，又称为财政支出的目标效率③；另一类是通过计算财政支出的投入产出比来测度财政支出效率。

国内学者结合中国国情对该问题的研究成为热点。市场不足和政府职能决定了中国新型城镇化建设需要政府的有效参与以及政府在其中的定位和行为路径④。国内学者对财政支持新型城镇化问题的研究，就角度和内容而言，主要集中于财政支持资金使用规模、结构、方式和效率等问题的研究⑤。我国从中央到地方共有五级政府，虽然中央政府的财政收入一直占全部收入的50% ~ 55%，但是仅仅负担大约30%的支出，其余的都转移给了地方政府⑥。县级政府除了承担本身应有的农村公共品供给责任之

① Diakosavvas D. How to Measure the Level of Agricultural Support：Comparison of the Methodologies applied by OECD and WTO ［C］. Agricultural Policy Adjustments in China after WTO Accession，2002（6）：23 - 26.

② Melyukhina O. Risk Management in Agriculture in the Netherlands ［J］. Oecd Food Agriculture & Fisheries Papers，2011.

③ António Afonso，Sónia Fernandes. Measuring local government spending efficiency：Evidence for the Lisbon region ［J］. Regional Studies，2006，40（1）：39 - 53.

④ 吴江，王斌，申丽娟. 中国新型城镇化进程中的地方政府行为研究 ［J］. 中国行政管理，2009（03）：88 - 91.

⑤ 辛毅，林万龙，张莉琴. 财政支持农业的绩效评价 ［J］. 宏观经济研究，2003（3）：41 - 44.

⑥ 陈锡文. 中国农村公共财政制度 ［M］. 中国发展出版社，2005.

外，还是中央、省（直辖市）政府提供农村公共品的主要生产者。我国各地不约而同地出现硬公共品提供较好而软公共品提供较差的情况，公认的理由是，在高程度的分权体制下，地方政府不愿意提供需要更多的财力却政绩更少的软公共品，这将导致县乡农村公共品供给效率偏低。因此，迫切需要提高县乡政府管理公共资金的效率①。黄佩华、迪帕克（Deepak）等学者的调查研究甚至指出，中国超过90%的教育支出是由地方政府提供的，其中有70%的教育支出是由县乡政府承担的②。虽然这些研究结论中包含的观点各有异同，但总的看法是，当前县级财政支持体系运行效率偏低，已经日益成为目前我国整个财政领域面临的一个突出矛盾③，同时也在很大程度上制约着农村公共品的供给。

在实证分析方面，国内学者对我国城镇化水平与财政政策支持的关系进行了较多研究，其中比较有代表性的有：佘定华等（2007）通过对小城镇发展的财政政策分析，从促进体制创新、优化支出结构、调整税收优惠政策、改善投资环境等方面提出了促进我国小城镇发展的财政政策选择④。余红艳（2008）认为财政收入的不断增加、财政支出规模和结构的优化与城镇化的发展在长期具有内在一致性⑤。王建威和何国钦（2012）基于"协同创新"的理论视角，对财政金融创新特色及资金支持效率进行了剖析⑥。在实证方法方面，近年来国内研究一般多采用向量自回归、向量误差修正模型、Granger检验等计量方法，研究数据都采用1978年及以后的数据。例如，刘庆和与张智勇（2004）以贵州为例，分析了财政投入对城镇化进程的影响，发现从长期看政府增加财政投入对于城镇化进程具有积

① 丁菊红，邓可斌. 政府偏好、公共品供给与转型中的财政分权 [C]. 上海市经济学会学术年刊，2008：78－89.

② Wong, Christine, Bhattasali, Deepak, 吴素萍等. 中国：国家发展与地方财政 [M]. 中信出版社，2003.

③ 陈志良. 政府间财政关系比较研究 [M]. 中国财政经济出版社，2004.

④ 佘定华，蒋涛，颜新建. 促进我国小城镇发展的财政政策选择 [J]. 农业经济，2007（3）：65－66.

⑤ 余红艳. 城镇化发展与财政政策相关关系的实证分析 [J]. 统计教育，2008（11）：60－64.

⑥ 王建威，何国钦. 城镇化发展与财政金融支持机制协同创新的效率分析 [J]. 上海金融，2012（6）：94－96.

极作用，但财政投入对于城镇化进程的短期效应相当小①。王开科等（2010）选用福建省的时间序列数据，运用向量误差修正（VEC）模型、Granger 检验，发现城镇化与财政基本建设投资之间存在长期均衡关系，城镇化是财政基本建设投资的 Granger 原因②。总之，实证结论表明财政支持对城镇化建设具有正向作用，但必须转变现有政府职能、财政收支结构和筹资用资模式，才能推动新型城镇化健康有序发展。对此，有学者提出了创新投融资机制、一元化公共财政保障策略以及开发性金融等财政支持措施③④。同时统筹城乡发展⑤、优化资源配置、实现文化传承⑥有助于从财政可持续角度推进新型城镇化建设。

综上所述，无论国内外学者还是政府财政部门对公共财政与新型城镇化发展均进行了大量理论和实践研究，主要表现为从公共财政对城镇化的直接影响到财政支持城镇化发展的路径规律，涌现大量科研成果，并提出和实施诸多政策法规等。但目前而言，新型城镇化发展问题依然严峻，并未得到根本性改善，笔者认为其主要原因一方面在于现有研究多从经济效应维度构建新型城镇化建设财政支持战略，忽视了其社会效益及对具体推进机制和支持模式的研究，尤其是未考虑不同区域特点和实际，所得结论和对策缺乏针对性和差异性；另一方面在于我国对新型城镇化发展的财政支持绩效缺乏有效的监管和评价系统，使得诸多政策措施实质上并未得到有效运行。为此，本书试图从理论、实证分析及研究方法上对上述不足进行探索和创新，综合运用公共财政、经济增长、复杂系统等理论，深入解析财政支持新型城镇化建设的作用机理、影响要素和发展模式，构建科学有效的财政支持模式，使其突破传统发展方式的限制以实现可持续发展。

---

① 刘庆和，张智勇. 欠发达地区的财政投入与城镇化进程 [J]. 贵州社会科学，2004（4）：20－22，25.

② 王开科，庄培章，关阳. 城镇化与财政基本建设投资的动态关系研究——基于福建省的实证 [J]. 工业技术经济，2010，29（6）：142－146.

③ 魏志甫. 支持新型城镇化发展的财政政策研究 [J]. 中国财政，2012（16）：65－67.

④ 贾康，刘薇. 以"一元化"公共财政支持"市民化"为核心的新型城镇化 [J]. 中国财政，2013（10）：24－25.

⑤ 吴杨等. 基于城镇化与新农村建设良性互动的统筹城乡发展战略 [J]. 管理学报，2012，9（3）：376－379.

⑥ 刘立峰. 对新型城镇化进程中若干问题的思考 [J]. 宏观经济研究，2013（5）：3－6.

1.3 研究思路与研究方法

以上述国内外研究现状研究方向为基础，本部分将就财政支持新型城镇化建设研究的技术路线、研究方法进行详细论述。

1.3.1 研究思路

以财政支持新型城镇化建设的内在机理、发展模式及效应检验为研究主线，首先根据新型城镇化建设现状及问题，形成财政支持新型城镇化建设的概念体系和作用机制；其次甄别财政支持新型城镇化建设的影响要素，构建财政支持模式；最后基于DEA模型实证检验新型城镇化建设财政支持模式的发展效率和优化方向，并提出有效的政策建议。具体技术路线如图1.1所示。

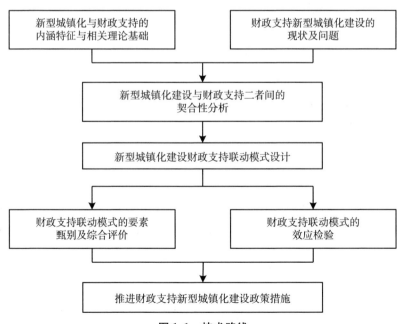

图1.1 技术路线

1.3.2　研究方法

根据研究思路及技术路线，运用城镇化理论、公共财政理论及经济增长理论等从财政视角解读我国及山东省新型城镇化的发展状况与制约因素，构建新型城镇化建设的财政支持模式，通过实证方法、系统分析方法等揭示财政支持模式的作用机理，检验新型城镇化建设的财政支持效应。研究过程中所采用的主要方法说明如下：

（1）规范研究方法。运用公共财政理论、发展理论、区位理论等分析山东省新型城镇化建设现状及问题，揭示城镇化建设对财政支持的巨大需求，构建山东省新型城镇化建设的财政支持模式。

（2）实证研究方法。运用复杂适应系统理论及统计分析模型甄选财政支持新型城镇化建设的主要影响因素，并利用 DEA 方法对山东省各级财政支持模式和发展水平进行综合评价和效率评价。

（3）系统分析方法。采用系统科学思想及系统工程方法从共性与个性、一般性与特殊性、经济性与社会性等多维度甄别并建立财政支持新型城镇化建设的影响要素体系。

（4）比较研究方法。分别研究影响省级以及各地市、县乡财政支持新型城镇化建设的主要因素和关键问题，揭示各层面水平变动的内在原因及相互关系，进而提出有效的对策建议。

1.4　研究内容与研究框架

围绕财政支持如何有效推动新型城镇化建设这一主线，首先界定本书的相关核心概念，并以此为基础具体阐述主要研究内容及相应研究框架。

1.4.1　相关概念界定

根据所提出的研究问题及所涉及的范围、性质，以下对与之相关的主要概念进行基本描述与界定。

1. 城市和城镇

城市是经济、政治、社会、文化的中心，是现代文明和综合国力的集中体现。城市具有历史范畴和空间范畴特征，是人口集中、工商发达、居民以非农业人口为主的地区，具有相对的永久性和高度的组织化特点。城市按照其辐射半径和影响力，可以分为国际性城市、全国性城市、区域性城市。其中，国际性城市是指在世界的经济、政治、社会以及文化方面起先导作用的城市；全国性城市是指一个国家的经济、政治、文化中心，在整个国家的发展中具有举足轻重地位的城市；区域性城市则是指在一个较大的区域范围内（如几个相连的省级辖区或一个省级辖区），在经济、政治、社会、文化等方面具有重要影响、起主导作用的城市。城市按不同的规模，可以分为特大城市、大城市、中等城市以及小城市。我国城市规模划分的标准是：特大城市人口规模为 200 万人以上，大城市为 100 万 ~ 200 万人，中等城市为 20 万 ~ 100 万人，小城市为 5 万 ~ 20 万人。

传统意义上的城镇主要指具有一定人口规模和功能要件的集镇。针对我国幅员辽阔、地区差别较大的实际状况，城镇外延进一步拓展成为城市和集镇的统称。本研究大多使用城镇概念，包括特大城市、大城市、中等城市、小城市和小城镇。相对城镇这个中心，其辖区因其划定标准不同有所差异。狭义上的城镇辖区根据城镇功能来界定，主要由建成区和服务建成区的近郊区组成。而广义上的辖区则与行政辖区一致，有的全部属于建成区，有的甚至包括广大农村地区，比如以城带乡的城市和建制镇。

2. 城市化和城镇化

关于采用城市化还是城镇化的争论由来已久。国际上通常较多使用"城市化"概念。在我国，理论界倾向于城市化，重点对城市规模、城市体系和城市机制进行探讨，而对集镇的关注，多见于农村发展研究。相对地，实践工作者更多地使用城镇化概念。尽管有关争论仍在继续，但近年官方文献及政策文件明显倾向于使用城镇化的概念。由于本书从经济转型及统筹发展必须首先解决"三农"问题、破解城乡二元结构矛盾为研究切入点，在其研究表述上采用城镇化概念更合适。

由于研究角度的差异，对城镇化概念的理解和特点把握呈现多样化。综合各种文献，本书认为，城镇化是人类生产和生活方式由乡村型向城镇型转化的历史过程，表现为乡村人口向城镇人口转化以及城镇经济社会不断推进发展的过程。所以，城镇化既是经济发展的必然现象，也是经济发展的动力源泉，还是现代社会文明的集中体现。

3. 财政支持新型城镇化

本研究所指的财政支持新型城镇化建设包含中央财政和地方财政，但不包含国债和各种基金投入。书中所指财政如未做特殊说明，均指中央财政和地方财政总和。虽然由于中央财政和地方财政在对新型城镇化建设的投入要求和侧重点有所不同，因而所产生的效应可能有所不同，本书不对这种差异性进行研究，而仅对中央和地方财政的总效应进行研究。

财政支持新型城镇化的口径可分为大、中、小三种，考虑到数据获取的可行性和现实性，本书对财政支持新型城镇化建设的口径界定为财政支持农业、教育、医疗卫生、社会保障等维度之和，即为中口径。书中资料数据主要来源于历年全国、山东省及所属地市统计年鉴、各县（市）社会经济基本情况统计表、山东省城镇化建设部门统计数据及财政厅（局）、统计局等有关部门数据。本书中财政支持新型城镇化建设效应是一个综合概念，既有经济效应，也有社会效应等。书中综合效应评价是指对经济效应、社会效应指标经过一定数学模型运算而得出的综合值。

1.4.2　研究内容安排

第一章：绪论。山东省新型城镇建设带有明显的方式粗放、高消耗、区域差距大等特征，如何实现其平衡、协调、持续发展具有重要现实意义。财政作为国家调控工具和资源配置手段，能有效解决新型城镇化建设问题，提供科学决策依据，二者间具有相互促进的紧密联系。据此，评述财政研究文献，指出财政已成为推动城镇化进程的基本途径，并得到广泛认同，进而提出报告的研究思路、研究方法及内容框架。

第二章：新型城镇化与财政支持的理论基础。界定新型城镇化建设的内涵特征、基本理念与发展阶段，探讨新型城镇化建设与财政支持间的促进作用与影响关系，指出新型城镇化建设与公共财政的高度契合性，并从财政支出、经济增长、城镇化及城乡统筹等维度详细论述财政支持新型城镇化的相关理论。

第三章：财政支持新型城镇化建设的现状及问题。首先对我国财政支持新型城镇化建设的措施、成效以及存在的问题进行梳理分析；其次，通过统计调研，总结山东省财政支持新型城镇化建设的主要举措及发展现状，归纳山东省新型城镇化建设的突出矛盾和制约因素，进而提出建立政府监管和支持机制。

第四章：新型城镇化建设的财政支持模式设计。从经济学视角对新型城镇化建设的财政支持需求进行分析，提出适合山东省新型城镇化建设的财政支持联动模式，设计财政支持联动模式的目标原则，并对其推动主体进行界定，进而详细论述联动模式的实现方式与动力机制。

第五章：新型城镇化建设财政支持模式的评价体系。根据财政支持新型城镇化建设的内在机理，采用理论筛选和实证检验相结合的方式甄别新型城镇化建设财政支持联动模式的评价因素体系；进而运用山东省 17 地市数据对其财政联动模式的实施绩效及要素指数进行计算评价与结果分析。

第六章：新型城镇化建设财政支持模式的效应检验。运用 DEA 模型以山东省 17 地市 139 个县为对象进行效应检验，一方面基于 CCR 和 BCC 模型结果对山东省各地市财政支持效率进行测算，另一方面应用 SBM 超效率模型对地市间财政支持效率及输入输出偏好进行纵向排序和横向比较，系统反映投入增长过程中的效率变化。

第七章：新型城镇化建设财政支出绩效评价平台设计。以新型城镇化建设财政支持模式的评价体系和效应检验模型为基本框架，分析财政支出绩效评价平台构建的必要性和可行性，提出新型城镇化建设财政支出绩效评价平台的整体设计思路，包括基于用户信息和用户功能的需求分析、基于 SOA 的平台总体架构以及绩效评价平台的功能结构规划。

第八章：推进地方政府财政支持新型城镇化建设的政策措施。以理论分析、综合评价及效应检验为基础，根据山东省新型城镇化发展特征及财政支持新型城镇化建设的效率状况，提出促进山东省城乡协调发展的新型城镇化建设财政政策措施。

1.4.3　研究框架

　　根据上述研究内容，形成新型城镇化建设财政支持模式的研究框架，各部分内容及相互间内在逻辑关系如图1.2所示。

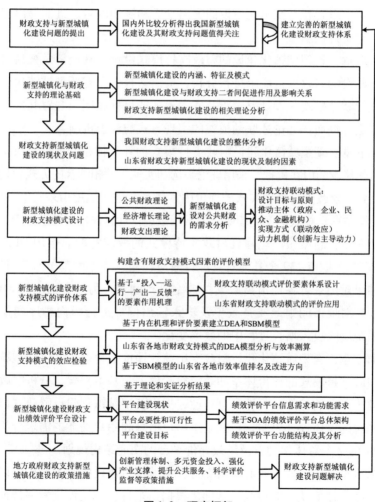

图 1.2　研究框架

第2章　新型城镇化与财政
支持的理论基础

　　新型城镇化，是对城镇化本质与内涵的重新界定，是对原有城镇化道路的扬弃与发展。新型城镇化不仅是人口向城市的转移，而是整个城市化过程坚持以人为本，强调集约、协调发展与城乡统筹发展，增强产业集聚功能，形成结构合理的城镇体系，实现集约化和内涵式发展，增强城市自主创新能力，全面惠及政治、经济、文化和社会。基于此背景，以下从新型城镇化建设的内涵与外延出发梳理新型城镇化的概念体系，探讨新型城镇化建设与财政支持的关系，并对已有代表性理论进行评述。

2.1　新型城镇化建设的内涵与外延

　　较之以往的城镇化，新型城镇化建设具有"新"的内涵特征，它的"新"体现在经济发展、社会人文、生态环境等多方面。

2.1.1　新型城镇化建设的内涵特征

　　新型城镇化不再以城镇人口或非农业人口比例作为单一的评价标准，而是更加注重城乡的一体化、均等化，由过去片面注重追求城市规模扩大、空间扩张，转变为以提升城市的文化、公共服务的品质为中心。因此，我国新型城镇化道路应遵循工业化与城市化、农村与城市、农业与工业协调发展的集约型、可持续的城市化进程，实施大中小、多产业类型共存的多元城市化模式①。新型城镇化的"新"更是当前密切关注的焦点。"新"体现在"新战略、新社会、新经济、新环境、新城乡关系",要求在信息技术时代、在全球化程度不断深化的基础上推进城市化,新型工业化、现代新兴技术等新经济因素成为动力机制②,体现经济发展和环境保护并重,发展导向体现在城市规模合理、城市布局合理、城乡生产力布局合理、城乡产业结构合理、区域发展合理③等方面。

基于上述分析,本研究认为所谓新型城镇化,是指以科学发展观为指导,以新型工业化为动力,以统筹兼顾为原则,全面提升城镇化的质量和水平,实现经济高效、功能完善、环境友好、资源节约、城乡统筹、社会和谐、管理有序的大中小城市和小城镇协调发展的城镇化建设之路。由此,新型城镇化的"新"可从经济发展、环境保护和社会文化等三个维度加以概括:①新型城镇经济发展。新型城镇产生人口聚集的最大吸引力在于其经济活力,特别是能够提供较充足的就业机会。新型城镇化发展离不开经济的支撑,需要向居民提供优越的经济环境,充分发挥空间聚集,突出循环经济,提高知识、技术、信息贡献,强化规模效应,节能降耗,转变发展方式。新型城镇经济发展是新型城镇化的核心。②新型城镇生态环境。新型城镇化建设,要充分考虑生态环境对城市发展的承载能力,确保城市发展的生态屏障安全,努力保持城市系统与环境系统之间的平衡稳定,把新型城镇化与城市生态化结合起来,走环境友好的城镇化道路。新型城镇生态环境是新型城镇化的基础。③新型城镇社会文化。新型城镇化是以人为本的城镇化,是公平公正、充满活力、利益协调、安全有序、结构稳定的城镇化,要不断完善城市种类功能、培育城市个性、形成城市特色,必须建设富有人情味的社会文化环境。新型城镇社会文化是新型城镇化的灵魂。

---

① 仇保兴. 中国的新型城镇化之路 [J]. 中国发展观察, 2010,(4):56-58.

② Michael Biddulph, Bridget Franklin, Malcolm Tait. From Concept to Completion: Critical Analysis of the Urban Village [J]. Town and Regional Planning, 2003, 74 (2):132-145.

③ Scott Rozelle, Jikun Huang, Linxiu Zhang. Emerging Markets, Evolving Institutions, and the New Opportunities for Growth in China's Rural Economy [J]. China Economic Review, 2002,(13):345-353.

从新型城镇化的内涵表述可以发现，新型城镇化建设具有不同于以往城镇化发展的鲜明特征，主要表现在以下方面：

（1）由城市优先发展向城乡互补协调发展转变。新型城镇化的特征之一就是要由偏重城市发展向注重城乡统筹发展转变，从城乡分割的现实出发，从统筹城乡发展的高度，构建城乡互动、协调发展的机制，促进城镇化和新农村建设的联动发展。可见，新型城镇化是对以往二元体制发展模式的根本转变，不再以牺牲农村、农业和农民的利益来换取城镇化的发展，其核心在于大中小城市和小城镇并举，协调发展，形成布局合理、功能完善的城市群体系。

（2）由高耗能要素驱动向低碳创新驱动转变。随着我国经济结构转型升级，新型城镇化的发展必然要摒弃过去以"高污染、高耗能、高排放"为主的要素驱动型发展模式，转而向低碳化、区域创新驱动的发展模式转变。因此，新型城镇化更强调城市经济的集约式发展，即加强对资源节约和综合、高效的利用，重点发展高附加值的高新技术产业及由此带动一批创新型企业并进而实现创新型城市的构建。

（3）由重规模速度向重质量提高转变。新型城镇化不仅仅表现为单纯的城市人口数量比重的增加，而是要在增加城市人口比重的同时更加注重城市质量的提升和城市功能的完善。新型城镇化质量的提升主要体现在改善人居环境、节约集约利用资源、提高城镇综合承载能力等方面，最终实现城镇可持续发展。

（4）由少数人先富向社会和谐发展转变。城镇化的核心是人的城市化。新型城镇化的发展更加强调社会和谐，注重激发社会活力，促进社会公平和正义，尤其是对低收入群体的保障机制，避免两极分化。具体而言，新型城镇化要求人口在实现从农村到城市空间"转移"的基础上，真正实现从农民到市民的户籍"转化"，使生活在城市的每一个人，其基本生存条件能够得到满足，基本发展条件能够得到保证，能够共同创造和平等分享新型城市化的发展成果，最终在城市获得全面而自由的发展。

（5）由高环境冲击式发展向生态型可持续道路转变。城镇化对自然生态环境系统是一把"双刃剑"，一方面可能冲击和破坏原有生态环境系统；另一方面又可能为改善生态环境系统创造条件和机遇。传统城镇化的发展忽视了这一客观规律，结果造成环境污染加剧，生态环境恶化，使得城镇化发展遭遇到前所未有的严峻挑战。新型城镇化更加注重可持续发展，不再是以环境的恶化和资源的枯竭为代价，而是充分考虑资源和环境的承载能力，高效合理地利用自然资源、土地资源、空间资源和智力资源等，走可持续的生态型城镇化道路。

（6）由产业放任式发展向产业优化协调发展转变。城镇化与产业发展密切相关，一方面，产业的发展产业结构的不断升级与优化推动了城镇的形成与发展；另一方面城镇化的发展带动了产业发展。可见，产业结构是否合理和其主导产业是否具有发展竞争力决定了城镇化的水平和质量。新型城镇化更加重视城镇发展动力：一是城镇主导产业要有特色，因地制宜，选择不同的主导产业，以发挥本地区的资源优势；二是城镇内部要优化产业结构，提高三次产业水平，保障城镇产业间的合理分工协作，促进各地区经济的协调发展。

2.1.2 新型城镇化建设的基本理念

从城镇化的历史及其形成可以看出，尽管城镇化基本上是一个自然的过程，但在形成过程中，在人文、生态和经济方面都有其基本理念。

1. 新型城镇化的人文理念——以人为本

封建社会以来，由于政治和经济的需要，人是不能自由迁徙的。在欧洲，农民只有因为战争等机会被授予了爵位才能进入城市；在中国还有另一条途径就是通过科举考试。直至今日，在巴黎，由于房租和地区商店的价格几乎加倍，一般居民也无法在较好区域居住。因此，现今城镇化的理念就是，在理论上任何一个居民都有在城镇和城镇任何一个地方居住的权利。保证人的迁徙自由，这是人权理论的基本点，也是以人为本的重要内涵之一。

然而，任何一个公民可以自由迁徙到任何一个城镇的任何一个地方只是理论上的概念，现在没有任何一个国家实现。通过新型城镇化就可以有条件地实现这一理想，即经过诚实劳动获得工作、有合法的住所、缴纳税款等。农业转移人口对扩大内需所起的作用，就如同向城市输血来增强活力、促进发展一样，但必须配型才能如愿。

对于符合这样条件的人，首先要尽快解决户籍问题，其次他在所选择的城市中的工作、居住和追求幸福的权利应该得到法律和社会的保障。要逐步实现城镇基本公共服务覆盖常住人口，为他们安居乐业创造公平的制度环境。由此，保障劳动者得到稳定就业、合理工资、公共服务和平等福利，是以人为本的另一重要内涵，也只有这样才能彻底改变城市中存在的二元结构。

2. 新型城镇化的生态理念——生态承载力

新型城镇化生态理念的理论基础是可持续发展理论，即城市基本上是一个人工生态系统，它叠加在所处地域的自然生态系统之上，城市的建设与发展必须是在所处地域自然生态系统承载力许可的条件下，这样的城市才能可持续发展。因此，新型城镇化的基本前提是城镇要可持续发展，我国和世界上都不乏兴旺一时的城镇突然从地球上消失的例子。我国丝绸之路上的古城楼兰、墨西哥的玛雅古城都曾繁华一时却突然消失，我国和世界上其他国家在 20 世纪末也有许多矿竭城衰的城镇。

上述问题可以从生态学理论得到明确的解释。城镇生态系统是人们在一片地域的自然生态系统上建立的人工生态系统。这个人工生态系统要从自然生态系统中取得水源、氧气、矿产资源，利用土地种植粮食，依赖自然生态系统的支撑。一旦人口、车辆、工业过多，土壤过度耕种，就会产生严重的水污染和大气污染，土地日益贫瘠，城镇就越来越不适宜人类生存，就不可能持续发展。所以，使城镇人工生态系统的发展处于地域自然生态系统的承载力范围之内，包含水资源与水环境承载能力、大气环境承载能力、生态系统承载能力等，是城镇化最科学合理的选择，也是新型城镇化生态理念的核心。

3. 新型城镇化的经济理念——提高生产效率

集约利用资源产生更高的生产与流通效率是城镇化经济理念的核心。自封建社会以来，除了少数因皇权和领主的需要建立的城市以外，大多数城镇的建立都是为了发展经济。发展经济应成为城镇化的基础。

一方面，提高生产效率和人均产值。我国目前进行的是工业化的城镇化，这也是所有发达国家走过的历程。工业化的城镇化的主要目标就是在城市中集中原料、集中资本、集中素质较高的人力、使用新技术，以工厂这种形式来提高生产效率和人均产值，从而发展经济。

另一方面，科技园区应成为新型城镇化的主力。自 20 世纪 50 年代以来，从美国硅谷开始出现了以高技术革命产业化为支柱的新型城镇化，即兴办科技园区，成为城镇的新细胞，发展了沿硅谷从旧金山到圣巴巴拉长达 350 公里的新城镇带。科技工业园区这种新型城镇已成为促进科技成果商品化、产业化和国际化的最有效的方式之一，它在聚集创新资源、繁荣创新创业文化、孵育新的经济增长点、孵化高新技术企业与创新型企业家等方面具有重大作用。科技园区在知识经济的发展中以政府为主导，以企业为主体，以大学、科研机构为引导，构成经济发展的主动力，主要集中风险投资、创业人才和高技术来创新产业，推动经济从工业文明向生态文明过渡。

2.1.3　新型城镇化建设的演进阶段

美国地理学家诺瑟姆提出城镇化发展遵循一条 S 形曲线的轨迹，如图 2.1 所示。城镇化发展一般分为早期、中期、晚期三个阶段，即起步期、加速期、成熟期，每个时期都有其阶段性特征。

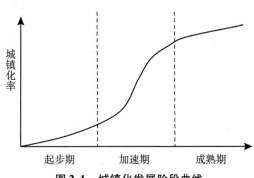

图 2.1　城镇化发展阶段曲线

城镇化发展起步期，主要特点是城镇数量少，城镇人口、用地和经济规模小，职能单一，对区域的辐射带动能力有限，城镇化速度慢。一般国际上把城镇化率小于 30% 作为城镇化发展的起步期。

城镇化发展加速期，主要特点是城镇数量迅速增加，城镇人口、用地和经济规模急剧膨胀，职能逐步综合化，对区域的辐射带动作用明显增强，城镇化速度较快。一般国际上把城镇化率 30% ~ 70% 作为城镇化发展的加速期。

城镇化发展成熟期，主要特点是新的城镇增加缓慢，城镇人口郊区化和分散化，城镇化速度放慢。这一阶段农村人口的数量已经不大，后期的城市不再主要表现为农村人口转变为城市人口的过程，而是城市人口内部职业构成由第二产业向第三产业转移。一般国际上把城镇化率大于 70% 作为城镇化发展成熟期。

根据我国 1949 ~ 2013 年的城镇化率统计结果，1997 年我国的城镇化率为 29.92%，可大致判断 1997 年之前为我国城镇化发展的起步期；1998 ~ 2013 年我国城镇化率从 30.4% 快速增长到 53.73%，处于城镇化发展的加速期，这与我国现阶段新型城镇化建设的实际情况基本相符。

2.2　新型城镇化建设与财政支持的关系

新型城镇化与财政之间是相互联系的，一方面，公共财政对新型城镇化有促进作用，通过完善财政政策能够促进城镇化的发展；另一方面，城镇化有助于经济发展，有助于财政收入的增加，从而实现新型城镇化与财政之间的良性循环。

2.2.1　财政支持对新型城镇化建设的促进作用

财政具有资源配置、收入分配、经济稳定与发展等职能，这些职能决定了财政是促进新型城镇化建设的重要力量，财政在促进新型城镇化过程中的作用主要有以下方面：

1. 财政支持为新型城镇化建设提供引导资金

新型城镇化的发展需要国家投入大量的资金。一方面，城市的基础设施是城市的基础和骨架，是城市生产和居民生活的先决性条件。而城市基础设施具有公共性特点，私人资本往往不愿介入。所以，只有通过政府雄厚的财政支撑，为城市提供完善的交通、能源、信息、环保等基础设施，才能使城市获得人口集聚的承载能力，城市系统才能有效运行。另一方面，除了城镇基础设施具有公共性之外，还存在着其他方面的市场失灵。根据公共财政理论，市场存在着失灵，政府必须加以干预。在城镇化进程中，时常出现自然垄断、外部性等市场失灵问题，这些问题的解决（包括公共基础设施、公用事业、公共教育、医疗卫生、社会福利等）都需要政府投入大量的财政资金。财政可以通过税收等手段，筹集和引导社会各类资金，保障新型城镇化的建设。

2. 财政职能可调控新型城镇化进程，促进其健康发展

新型城镇化建设过程中，会出现城乡和地区发展不均衡、居民收入差距拉大、资源浪费、环境污染等问题，直接影响着新型城镇化的健康、持续发展。而财政职能的发挥，能有效缓解这些问题。发挥财政的资源配置职能，能有效缩小城乡、地区城镇化发展差距。通过转移支付，加大对不发达地区的财政投入，为其发展提供充裕的资金，也可通过税收优惠等政策，为其提供较好的政策环境，引导资金、人才、技术向这些地方流动。通过发挥财政收入分配职能，可以缩小城镇化进程中的居民收入差距和地区发展差距。通过个人所得税、财政转移支付、完善社会保障和基本医疗等方式，有效的缩小居民收入差距。最后，可以运用财税政策，促进产业结构升级，引导城镇化建设向资源节约、环境保护方向发展。

2.2.2 新型城镇化发展对公共财政的影响

新型城镇化建设是人口和产业集聚的过程，而财政收支的客体主要是针对人口和企业，因此，新型城镇化发展对财政的影响主要体现在收支两方面。

1. 新型城镇化发展影响公共财政的收入状况

从促进经济总量扩张方面看，主要表现在新型城镇化有助于促进投资和消费需求的增加。从促进投资需求看，新型城镇化促使能源、交通等基础设施及房地产业的发展，有利于促进投资需求的增长，通过投资的乘数效应，进一步促进经济的发展；从促进消费需求看，新型城镇化将使人口集中在城镇，城镇人口的消费水平明显高于农村人口，城镇化进程的加快有利于增加对社会商品的消费需求，有助于经济的可持续发展。

从结构上讲，财政收入结构也受城镇化的发展阶段影响。从国外经验来看，西方发达国家的地方财政收入以税收为主，包含所得税、销售税和财产税等。在城镇化初期和中期阶段，城镇化的发展带来人口和企业集聚，财政收入也不断上升，其中，财产税所占的比重最大。然而，随着城镇化向后期发展，城市规模的急剧扩大使得城市集聚成本不断上升，由此出现"逆城市化"，人口和企业向郊区迁移，城市资产需求也随之减少，城市资产贬值，从而使得地方政府财产税数量锐减以及地方所得税收入下降，财产税在地方财政收入中的比重下降，而使用费收入成为地方公共财政收入的重要来源。

2. 新型城镇化发展影响公共财政的支出状况

城市财政支出能力与城市的生产力水平密切相关，城市生产力发展是城市财政支出能力的前提和保证。从支出总量上看，新型城镇化发展与城市财政支出具有同方向变化的特点。随着城镇化水平的提高和城市规模的扩大，财政支出总量也在不断上升。在城市产生和发展的初期，城市规模较小，城市生产力水平较低，这就决定了其财政的规模比较有限，所承担的事权也相应地要少一些，财政支出规模也相对较小。而随着人口集聚程度的提高，城市规模的扩大，城镇化进入中期阶段，城市居民、企业对城市基础设施、社会保障、科技、文化、教育等公共产品和服务的需求越来越大，这就要求政府提高财政支出总量。艾伦（Allen）根据联合国人口年鉴和统计年鉴从人口规模、城乡分布、人口密度、人口年龄结构四方面进行实证分析,指出人口城乡分布对于政府支出有着最为显著的影响。萨尼和辛格(Sahni & Singh,2009)依据凯恩斯政府支出影响收入理论以及瓦格纳收入影响政府支出理论进行回归分析发现,不管发达国家或者是发展中国家,人口增长、城市化都会引起政府支出的增加[①]。

从结构上看,城镇化的不同发展阶段对财政支出结构有不同的要求。在城镇化初期,城市处于起步阶段,城市基础设施如道路、运输、电力、供水等都必须从零开始建设,因此需要投入大量的基建支出,使得这一时期基础设施等方面的公共投资支出比率较高,投资性支出占整个财政支出的比重也较大。进入城镇化中期阶段,城市道路、交通等基础设施已基本完善,该领域的公共投资支出比重就会有所下降。同时,城市居民的发展性需求会开始上升,这方面的支出比重慢慢上升。而当城市经济发展到后期阶段,城市人均收入相对较高,其需求层次也相应提高,对教育、卫生、保健、安全等发展和享受性需求上升,需要财政提供更多的公共产品和服务来满足,因此,这一时期上述方面的支出及相关设施支出会出现较高的增长率,在财政总支出中的比重也将大幅度上升。

由此可见,公共财政在为新型城镇化提供资金支持、保障其健康稳定发展等方面具有积极的促进作用;同时,新型城镇化的发展水平也直接影响着公共财政的收支总量和收支结构。根据二者间的相互关系,建立有效的财政支持模式是我国新型城镇化建设实现持续发展的有效路径。

2.3　财政支持新型城镇化的相关理论

财政支持新型城镇化作为一项公共经济政策,其涉及的内容及影响早已超出财政学本身,对于这一问题的研究已经成为经济学与政治学之间的一个边缘课题。为此,政府在制定财政支持新型城镇化政策时应该在理论

---

① Sahni, B. S. , Singh, B. On the Causal Directions between National Income and Government Expenditure in Canada [J]. Public Finance = Finances publiques, 2009, 39 (3):359 –393.

上做出合理的解释。本章从财政支出理论、经济增长理论、城镇化及城乡统筹等角度阐述财政支持新型城镇化的相关理论。

2.3.1 财政支出理论

政府对经济的干预和调节，主要是通过财政支出来实现的。财政支出是指政府为履行其职能而支出的一切费用的总和。一般认为，财政支出的数额及比例反映了政府介入经济生活和社会生活的规模和深度，也反映了财政在经济和社会生活中的地位。财政支出理论在不同程度上成为国家制定公共政策的指导思想。

1. 公共物品理论

由 1929 年世界经济危机而引发的政府对经济广泛的参与，使得财政学很快突破了原有的研究范围，其分析问题的基点和思路，从履行国家的基本职能转向政府如何提供公共物品，以及如何矫正市场失灵方面的分析上来，从而形成了现代公共财政学。由于城镇化建设具备公益性和社会性的特点，本身就是一种公共物品，所以，从这个角度对财政支持新型城镇化的理论基础进行分析，无疑是一个正确的选择。

从人类发展的历史看，公共物品的产生是人类社会共同需要的产物。休谟认为公共物品是那些不会对任何人产生突出的利益，但对整个世界来讲是必不可少的物品，因此，公共物品生产必须通过集体行动来实现。亚当·斯密认为，对于一些事业与设施，在由社会统一经营时，其利润通常能够补偿所费而有余，但若由个人或少数人经营，绝不能补偿其所费，因此，政府必须提供某些公共品服务。后来，萨缪尔森在《公共支出的纯理论》一文里将物品分为私人消费品和集体消费品两类，由此给出了公共物品比较精确的分析性定义：私人消费品指的是"该物品的消费总量等于所有消费者的消费之和"；公共物品指的是"每个人对此类物品的消费不会减少任何其他消费者的消费"，也就是说具有消费的非竞争性的物品。此后，马斯格雷夫在萨缪尔森的基础上对公共物品问题做了进一步研究，他将现实世界的物品分为公共物品、私人物品、混合物品和优效品。

从公共物品概念的提出和发展，可以概括出公共物品的基本特点：（1）非排他性，指公共品在消费过程中所产生的利益不会被个人或厂商所专有。要将另一些人或厂商排斥在消费过程之外，不让他们享受这一物品所产生的利益是不能或难以做到的；或者即使这一物品技术上存在排他性，但成本太高，超过了使用该物品带来的效益，这种排他是无效率的。（2）非竞争性，指个人或厂商在消费公共物品时不会影响他人对这一产品的同时消费，对该产品的消费上各受益对象之间不存在利益冲突。这导致经济学上新增他人的边际成本为零，其结果必然是消费者之间不再存在如同私人产品那样的价格竞争。

同时具备非排他性和非竞争性特点的公共物品称其为纯公共物品。但在现实经济中，各个产品的性质有时难以像理论所描述的那么准确和清晰，也就是说，一部分产品的性质有可能介于私人品和公共品两种性质之间，这就是所谓的混合物品。如果某一公共物品在消费上具有非竞争性，但是却可以较轻易地做到排他，就是布坎南的俱乐部产品；而在消费上具有竞争性，但是却无法有效地排他的物品，奥斯特罗姆将其称为公共池塘资源，它们都属于混合物品。

2. 公共财政理论

公共财政是国家为市场经济提供公共服务而进行的政府分配行为，其分配具有公共性和非市场盈利性两个特征，其收支活动主要通过公共财政预算来体现。

公共财政支出是公共财政的一个重要内容，财政支出管理所寻求的目标就是经济增长、社会稳定、效率和公平等。为了履行好财政职能，在经济实际运行过程中，必须以高效的方式对采集的公共资源进行分配和运用。从社会资源的角度看，资源永远是稀缺的，资源的稀缺性正是公共财政研究的理论基点。既然社会存在着资源稀缺问题，就有一个如何提高资源配置效率的问题。财政支出的效率性体现在政府对公共商品的资源配置是否达到最优化，公共商品的提供成本是否最低，提供的水平和结构是否合理，从而能达到社会福利最大化的目标，这是公共财政研究所追求的永恒主题。"效率优先、兼顾公平"是公共财政分配的重要原则，财政支出的配置模式及最终支出必然要体现这一原则。资源稀缺反映到政府收支上来，就是财政不能满足支出需要，必然存在一个节约资源和讲求效益的问题。这就要求对财政支出的资金去向合理性及资金使用两个问题做出解释，进行科学的描述，这也是财政支出效应评价存在的前提。事实上，通过对财政支出进行评价，就可以及时有效地改变公共支出过程中出现的不良现象，改变支出过程中的"人为"或"人情"因素，提高财政支出分配与使用情况透明度，较好地控制资金的支出，从而提高财政管理水平。同时，也只有通过对单位支出效益进行评价，才可以了解单位预算编制是否科学、合理，预算执行是否符合规定的要求，以便及时发现问题，采取措施，避免或减少实际工作中可能出现的偏差，保证预算圆满实现。最后，通过对支出效益进行评价，可以反映单位财务活动是否认真执行财务制度和财经纪律，有无违法违纪行为，以便促进单位财务管理工作健康、有序地开展。总之，只有财政支出效益得到提高，公共财政框架才能真正建立起来。

3. 财政支出政策中的效率与公平

效率是指消耗的劳动量与获得的劳动成果的比率。经济学意义上的效率是衡量一个社会经济运转状况的基本标准，通常包括生产效率和经济效率。生产效率是指单位时间里的投入与产出之比；经济效率是指经济资源的有效利用程度，具体指资源的有效使用和有效配置。换言之，在资源有限的约束条件下，通过合理使用、配置资源，会以最小的投入取得最大的产出，就是高效率；反之，就是低效率。理想的配置效率是一个社会的资源配置应达到这样一种状态：在不使任何一个人境况变坏的前提下，亦不可能使另一个人的境况变好，这就意味着如果要增加一个人的效用必须以减少另一个人的效用为代价，这被称为帕累托效率。当经济没有达到帕累托效率时，一方面说明有闲置资源没有得到充分利用，政府可以制定政策促进投资、需求的增加，另一方面，也可能意味着由于资源配置的失误，导致一部分人效用提高的同时，另一部分人效用下降，社会的整体效率没有提高或者降低，就需要对资源进行重新配置。

从词义上讲，公平指"处理事情合情合理，不偏袒哪一方面"，体现的是价值判断的问题，即道义上的是非标准。事实上，这仅是它的伦理学上的意义。一般来说，公平具有多方面的含义：第一，作为经济范畴，它指经济公平，是指公民在参与经济竞争机会、竞争过程和收入分配上的平等，也就是在经济领域里要求机会均等；第二，作为社会关系范畴，它指社会公平，是指在一定时期，政治、思想道德、法律所允许和承受的限度内，全体成员所处的地位平等。

财政支出的效率与财政配置职能密切相关。它的衡量标准就是社会净效益最大化，即当改变资源配置时，社会的所得要大于社会的所失，其差额越大越好。财政支出所取得的各种效益，包括经济效益和社会效益的总和应当大于聚财过程中对经济所形成的代价或成本，也就是要取得效益剩余或净效益。由于公共财政支出主要用于弥补市场缺陷，因此，与私人投资不同，其效益往往不直接表现为短期的经济效益，而表现为社会总体效益的增加，这包括直接效益、间接效益和长远效益。以退耕还林政策为例，其直接效益表现为增加了农户的收入，增加了森林覆盖率，改善了生态环境，间接效益是调整了农业产业结构，长远效益是吸引了社会投资，促进了农业的可持续发展。

财政支出的公平是与财政的收入再分配职能联系在一起的。公共财政的收入再分配是建立在市场分配的基础上，通过税收、转移支付等手段，使社会分配的差距回归到社会能容忍的程度之内。社会公平的实现在很大程度上与财政的社会转移支付制度密切相关。它通过财政的社会转移支付活动，调整社会成员和集团之间原有对 GDP 的占有份额，使社会成员和集团之间的收入分配差别保持在社会可以容忍的范围内，而不至于引起剧烈的利益冲突与对抗。财政支出的公平弥补了市场的公平缺陷，消除了不稳定的因素。从效率的角度看，是牺牲了一些短期的、暂时的效率，换取的却是长远的、根本的效率的提高，有利于社会可持续发展。可见，公共财政通过收入的再分配可以有效实现公平与效率的结合。一般来说，考察一项支出的公平性，首要标准是受益范围，受益范围越大，公平性越高，这也符合帕累托最优原则。但一项支出很难覆盖所有人，甚至会使部分人受益，部分人受损。政府在出于效率原则考虑进行该项支出的同时，还要出于公平原则的考虑，在同时或一定时间内，对利益受损的那部分人予以补偿。

4. 战略导向理论

战略导向就是指企业的一切行动都必须在公司的战略指导下进行，换一句话说，企业的一切经营管理活动都必须和企业的发展战略保持一致。只有这样企业的发展才能形成一种合力，才会取得更好的经济效益。

战略导向可以界定为连贯一致的、一系列的行为，包括企业集体行为和受企业目标影响的个体行为。通过这些服务于企业目标的行为，企业可以实现自身的不断发展。战略导向不仅关注于组织战略的整体方向，而且也关注为实现企业绩效目标而建立的企业行为，所以，企业在制定战略决策时要充分考虑企业自身的战略姿态。

实际上，目前有关战略导向的分析和研究已经进入了一个新的阶段，主要是立足于对战略导向的不同类型，探讨不同类型的战略导向的先行因素及其对绩效的作用机制。绩效评估为决策者客观地评价资助计划或政策实施的成效提供了依据，伴随着 20 世纪 90 年代以来发达国家政府在公共财政支出管理领域的政策变迁，财政支出绩效评价亦从原来单纯基于产出的后评估，逐步转向战略导向下的绩效评估，即目标—过程—结果三位一体的绩效评估。这种战略引导下的绩效评估对内为财政支出的高效管理提供了有效支撑，对外则日渐成为取信于公众、接受社会监督的有效手段。绩效评估与审计问责引导管理者转向绩效导向的管理模式，促使其不断考量产出与目标的一致性、相关性、成本收益性，进而不断改进和提高管理效率和业绩。

2.3.2　经济增长理论

经济增长是指一国或地区内生产的增长以及生产能力的提高，衡量经济增长一般用经济增长速度、国民生产总值增长率、国民收入增长率等指标。经济发展是在经济增长的基础上，一个国家经济结构、社会结构不断优化的演进过程。经济增长是经济发展的必要条件，没有经济增长就没有发展，但是经济增长不一定会带来经济的全面发展。例如，长期以来，我国的经济增长以牺牲农业和农业发展为代价，使占人口多数的农民不能或很少直接分享到经济增长的利益，而国家在追求高速经济增长的同时，也付出了沉重的社会代价，没有实现国民经济的全面均衡发展。因此，需要厘清经济增长理论由经济增长到经济发展的演进过程。

1. 哈罗德－多马的经济增长模型

新古典学派建立的一般均衡理论为解释经济增长提供了简单的分析模式，一些经济学家，如库兹涅茨（S. Kuznets）、克拉克（C. Clark）、丹尼森（E. Denison）、肯德里克（J. Kendrick）等，从数量出发对国民收入增长进行研究。随着凯恩斯用短期、静态分析来研究宏观政策，许多经济学家纷纷推出各自的经济增长模型，试图建立经济增长的长期动态均衡分析模型。较有代表性的就是哈罗德－多马的经济增长理论。他们的模型以凯恩斯的有效需求原理作为出发点，在储蓄－投资均衡分析方法的基础上，突破了凯恩斯的乘数理论所拘泥的静态均衡分析方法，解释了包括长期经济增长在内的经济增长过程，这一理论使他们成为现代西方经济增长理论的开创者。

哈罗德－多马模型运用动态经济学原理解释了自然增长率和有保证的增长率。自然增长率分析了劳动力的增加及其生产率的提高两个因素，从它们与资本积累的关系来考察长期内的经济增长情况。该理论认为，按照以效率单位来衡量的劳动供给每年增长的百分比来增加产量和资本，就能达到平衡增长。有保证的增长率从储蓄和投资的相互关系来考察经济增长，其模型可概述为：$G = S/K$（增长率 = 储蓄率/资本产出比例）。模型中，GNP 的增长率与储蓄率成正比，与资本产出比例成反比；储蓄越多，投资越多，增长也就越快。当然，GNP 的实际增长速度也取决于投资的生产能力，与收入水平、储蓄率和资本产出比例密切相关。

哈罗德－多马模型说明了任何经济单位的产出取决于该单位投资的资本量，其主要贡献在于认识到一个时期的资本形成是下一个时期产出的源泉。哈罗德－多马模型从一个方面证明了资本主义经济中存在一种均衡增长路径，但这种路径很不稳定。在这种制度下，政府必须尽力影响相关参数以确保增长路径。

2. 新古典经济增长模型

哈罗德 - 多马经济增长模型实际上是一种资本积累增长理论，其后发展起来的新古典增长经济学则改变了哈罗德 - 多马经济增长模型对于资本的基本假设，并相应地对其进行了必要的修正。新古典经济学认为：影响经济增长的因素是多方面的，而且这些影响因素之间是可以相互替代的。新古典增长理论为了解释经济长期增长机制，在说明资本增长对经济增长作用的同时，引入了外生的劳动增长和技术进步两个因素，从而把经济增长分解成三个不同的来源：劳动、资本和技术进步。新古典增长模式表明，经济增长率等于资本的产出弹性乘以资本增加率、劳动的产出弹性乘以劳动增加率以及由技术进步而引起的产出增加率之和，产量的增长就是由以上三种要素的增长以及生产要素的相对份额决定的。新古典增长理论对于经济发展的作用在于，第一次提出了技术进步对经济增长具有最重要的贡献，突破了传统经济增长理论中的唯资本论，使人们开始重视技术进步、人力资源开发对经济发展的重要性；也促使人们重新认识资本积累的作用，更加关注资本质量的提高。新古典增长理论明确提出提高劳动者素质，提高生产资料的质量是不能忽视的重要问题。同时，新古典经济增长理论还认为，经济可以自动实现既无失业又无通货膨胀的稳定增长，可以自发运行，并最终处于最优增长路径上。经济增长的事实告诉人们，政府的一些政策不仅影响人们的收入水平，而且会影响经济的长期增长。但是，现实状态中的经济并不具备理论中的各项前提。这说明，新古典经济增长理论与经济现实存在严重脱节。

3. 内生经济增长理论

虽然新古典模型在资本主义经济增长理论中占有很重要的位置，但仍表现出一定的缺陷。新古典模型提出了劳动力增长和技术进步提高与经济增长的关系，但他们只是通过外生人口增长率和技术进步率来解释经济长期均衡增长的可能性，没有提到公共资本积累以及财政政策在经济增长中的作用。内生经济增长理论弥补了传统的经济增长理论的缺点。

最初由罗默（David Romar）提出的内生增长模型中，内生的技术进步是经济增长的唯一原因。卢卡斯（Lucas）的模型中，人力资本被看作经济增长的发动机。他分析了两种替换的人力资本模型：首先是学校正规教育模型，其次是通过实践学习的模型。20世纪90年代，罗默提出了一个可替换的内生增长模型，继续强调人力资本在新知识与新技术发展中的重要性。内生经济增长理论对经济发展的作用是，它更加关注对发展中经济的研究，标志着经济增长和经济发展理论的融合。它将知识和专业化的人力资本引入增长模式，说明了经济增长持续和永久的源泉和动力，也从一个侧面揭示了各国的经济增长率和人均收入差距越来越大的主要原因是在知识、技术和人力资本积累方面存在着巨大差异。这就突破了只关心经济增长的单纯研究，而开始更多地研究经济发展问题。所有这些，都说明增长理论正在向经济发展理论融合。内生经济增长理论的经济学家们注意到公共投资的生产性，并通过它来说明长期经济增长。此外，内生经济增长理论重新确立了政府政策在经济发展中的作用，该理论及其实证研究总结出一套维持并促进长期增长的经济政策，如补贴教育、研究与开发，刺激物质资本投资、保护知识产权、激励新思想形成并快速在世界范围内扩散等；强调促进技术创新的各种政策的制定与运用；意识到必须谨慎运用政府政策。这些认识对我国政府制定财政支持新型城镇化建设具有重要的参考价值。

2.3.3　财政绩效理论

财政绩效理论的研究成果主要包括"3E"原则、"4E"原则、新绩效预算等经典的代表性理论，该领域理论研究的深入发展为后续财政支持模式评价体系构建提供了重要的指导作用。

1. "3E"原则

财政支出绩效评价的"3E"原则就是指经济性、效率性和有效性原则。该原则在西方国家的财政支出绩效评价实践中得到了广泛的应用，据统计，美国行政机关运用"3E"原则相当普遍，其中至少有68%的政府机关使用有效性指标；14%使用经济性指标；8%运用效率性指标。"3E"

原则构成了绩效评价理论的基本平台，并成为绩效评价的基本原则。

　　所谓经济性，是指在达到一定支出目标的情况下如何实现支出最少。考察活动所耗费资源的获取或购买成本是否最低。经济性涉及成本与投入之间的关系，表现为获得特定水平的投入时，使成本降低到最低水平或者说充分使用已有的资金获得最佳比例的投入产出比。在收入规模总量一定的条件下支出的经济性主要体现在支出结构的合理性，以克服分配不均和严重浪费，即公共财政支出内部各构成要素符合社会共同需要的目的，且各构成要素占公共支出总量的比例协调、合理，基本能够满足各种不同部门履行社会职责的需要，促进建立各个公共部门的有效支出决策机制和支出优先排序机制。经济性原则虽然始终是公共支出绩效评价的主要原则之一，但随着西方国家社会经济发展和公共支出规模的不断扩大，单纯的经济性原则在评价中的地位和影响逐渐被效率性和有效性原则所取代。

　　所谓效率性，是指投入和产出的关系，包括是否以最小的投入取得一定的产出或者以一定的投入取得最大的产出，简单地说就是支出是否讲究效率。考察的是活动的资源耗费数量与产出数量之间的比例关系。公共财政支出的高效率，意味着用最小的投入达到既定的目标或者投入既定而产出最大化。效率性原则是西方各国政府及社会各界对公共支出在项目决策机制、项目实施进度比较、项目经济和社会效益取得等方面要求的具体体现。效率性原则在世界各国公共部门绩效考核与公共支出效果评价中都占有十分重要的地位，尤其是在公共部门绩效考核工作中，效率性原则被作为建立高效率政府的主要追求目标之一。

　　所谓有效性，是指支出结果在多大程度上达到社会、经济、政治等方面的预期目标。考察产出与成果在质上的关联度，即各项活动的实施是否能够形成合力，促成既定成果以至目标的实现。有效性涉及产出与效果之间的关系。具体包括产出的质量、产出是否导致了所期望的经济、社会、政治效果，简单地说就是是否达到目标。一般来说，支出满足社会共同需求的多个方面，分配活动涉及政治、经济、文化、科技、社会等多个领域，为此支出的效益也要从不同领域的多个方面体现出来，如可以表现为支出产生的经济效益和社会效益，也可以表现为直接效益和间接效益，还可以表现为近期效益和远期效益等。支出的总体效益是由各构成要素所产生的效益组成，各个层次、单个支出要素的提高，才能实现支出总体效益的提高。有效性原则是西方各国在对公共支出资金评价从经济性到有效性的转变，以及对资金的管理从重收入管理到加强支出管理的转变过程中提出的，是通过实施公共支出绩效评价工作加强对宏观调控效果管理的重要体现。在进行支出绩效评价时，如果将评价工作的重点放在对支出的有效性上，会使同样的支出取得事半功倍的效果。

在评价指标设置中，经济性、效率性、有效性三要素之间是有机联系的，只是根据评价侧重点不同而有所区别，实际操作中更难把三者完全割裂开来。

2. "4E" 理论

一般学者在研究绩效评价的过程中都普遍采用芬威克（Fenwick）提出的"3E"原则，即经济性（Economy）、效率性（Efficiency）、有效性（Effectiveness），这构成了绩效评价理论基本平台，并成为绩效评价的基本原则。但是，由于政府在社会中所追求的价值理念和"3E"评价法单纯强调经济效率之间存在矛盾与冲突，"3E"原则在实践中过度地偏向经济性等硬性指标，忽视了公平、平等、民主和福利等软指标评价，这种方法受到了众多学者和公民的质疑。在随后的政府绩效评价体系中，加入"公平（Equity）"原则，发展为"4E"绩效评价原则。

所谓公平标准，指的是效果（如服务的数量或货币化的收益）和努力（如货币成本）在社会群体中的不同分配，它与法律和社会理性有密切联系。公平性原则关注的是"接受服务的团体或个人是否都受到公平的待遇，需要特别照顾的弱势群体是否能够享受到更多的服务"。

虽然在财政支出绩效评价中要考虑"4E"，但由于财政支出绩效评价涉及诸多领域，由于支出政策和功能的不同，决定了评价目标存在着差异，在不同的支出项目中，支出是否节约、是否讲求效率、是否达到目标、是否公平四者之间并非处于一种固定状态，而是视支出的性质有所侧重。在支出绩效评价的实际操作中，判明"4E"之间的关系，合理界定其重要性程度，做出准确的评价结论至关重要。

3. 新绩效预算理论

20 世纪 80 年代以来，在世界范围内兴起的公共管理改革浪潮中，以美国、新西兰和澳大利亚为代表的 OECD 国家对以投入为重点的预算管理模式进行改革，纷纷举起了"基于绩效之预算"的改革大旗，这成为国际公共预算管理模式改革的新趋势。这种基于绩效的预算被称为新绩效预算，它继承了以往预算模式的有益成分，并在此基础上进行了新的探索。新绩效预算强调对结果负责，也就是将重点放在支出的最终结果上，即政府部门的工作对社会产生的实际影响。

新绩效预算是指通过重新构造公共预算和财政管理体制使得纳税人缴纳给政府的税收在使用后能够创造出最大的货币价值的一种预算。传统的绩效预算强调预算支出所导致的产出，新绩效预算则强调支出的最终结果，正是由于这一区别，它才被称为新绩效预算。新绩效预算首先要确定一个单位的战略目标和年度绩效计划，并对各个部门实现绩效目标和年度绩效计划的情况进行测量，其优点是使得预算体制的重点从"手段"到"目的"，它有助于改变支出部门的动机，有助于鼓励管理者进行创新与节约。

新绩效预算制度在理论论证上展示出其科学性和合理性，在实际运用中也体现了相当的优越性。它作为一种新型的财政效率评价与改进技术，在促进政府改革和抑制财政浪费方面起到了积极作用，新绩效预算对于我国正在进行的预算管理体制改革来说，能够解决当前财政支出领域存在的资金浪费、违规使用、效果不佳等突出问题。

4. 投入—产出理论

投入产出分析是一门交叉学科理论，它的研究是建立在经济学和数学基础上的，现实社会中各生产单位和消费单位所组成的部门之间的投入产出关系，是这门学科研究的主要内容。在这个分析理论中，所谓的"投入"包含实际生产中消耗的水、电、煤、原材料、生产设备和劳动力等。而"产出"则是包含生产生活环节的各种中间产品和最终产品。中间产品包括用于其他生产的材料等，而终端产品也是通过消费、出口、囤积等方式体现。在当今市场经济环境下，物质的投入产出关系主要是通过商品之间的交换来体现的。

投入产出法旨在模拟一个反映国民经济结构和社会产品再生产过程的数学模型，以明晰国民经济各部门之间的联系和再生产的比例关系，其主要内容包括编制投入产出表和建立线性代数方程。投入产出法在研究国民经济两大部类间、积累与消费之间的比例关系方面得到了广泛运用。

一般均衡理论作为投入产出法的理论依据，提出了经济活动的相互依存性的观点，通过构建代数联立方程来解释这种依存关系。因为国民经济各部门间的投入产出关系比较复杂，当任何部门发生变化的时候，运用经济活动相互依存性的理论能够发现其对经济体中其他部门的影响。一个企业的绩效考核不仅包含其自身的生产情况考核，还应包括企业为所处地方的经济的带动作用考核，使用投入产出表可以对企业的带动作用进行量化测算。

2.3.4　城镇化基本理论

随着经济社会的发展，城镇化的研究也不断深入，城镇化理论也不断更新和完善，已经形成了较为成熟的城市化理论体系，其主要包括人口迁移理论、区位理论、非均衡增长理论等。

1. 人口迁移理论

城镇化在空间上表现为农村人口和劳动力向城市迁移。1954年，刘易斯创立了经济发展的二元结构模型，开创性地把经济增长、工业化与人口流动过程相结合。他认为发展中国家的经济结构由现代工业部门（城市）与传统农业部门（乡村）组成，由于传统农业部门存在着大量劳动力，劳动力供给具有完全弹性，工业部门可以获得无限供给的劳动力而只支付与传统农业维持生存相应的工资，这样就使得农业部门大量剩余劳动力流向工业部门。1961年，费景汉和拉尼斯对刘易斯二元结构做了重要的补充和修正，从而形成了"刘易斯－拉尼斯－费景汉"模型。费景汉和拉尼斯强调了农业在工业化过程中的重要作用，认为要实现农业人口顺利向城市流动，必须保证农业的发展足以满足越来越多的非农产业劳动力对产品的消费需求，同时，他们将经济发展和劳动力从农村向城市流动分为有可能受阻的三阶段发展过程。

20 世纪 60 年代末 70 年代初，美国经济学家托达罗（M. P. Todam）针对当时许多发展中国家人口从农村流向城市、城市存在严重失业的并存现象创立了托达罗模型。托达罗模型把城市失业作为分析前提，认为农村劳动力流动到城市与否，不仅取决于城乡实际收入的差异，还取决于城市就业率以及城乡收入预期差异，城镇就业概率越高，收入预期越高，农村劳动力就会持续向城市流动。

钱纳里通过对 100 多个国家城市化过程的实证检验，提出了就业结构转换理论，揭示了工业化和城镇化的统计规律，即人均 GDP 越高，工业化率与城镇化率也越高。结构转换理论将结构转变分为三个阶段，经济重心逐步由农业向工业进而向第三产业转变，在转变过程中，产业结构、就业结构与城镇化一致。

2. 城镇区位理论

西方区位理论主要由经济学家杜能提出，经过韦伯较为系统的研究，克里斯勒和廖什等对其进行了深入发展，从 19 世纪初到 20 世纪上半期初步形成完整体系。区位理论讨论的核心问题在于使用什么原则和因素来确定企业的最优区位。这些理论包括：（1）杜能农业圈层论。即根据距城市为代表的消费市场的远近，对农业进行合理布局，并以城市为中心划分六个同心农业圈层。（2）韦伯工业区位论。该理论认为运输费用决定着工业区位的基本方向，并进一步提出运费是重量与运距的函数，理想的工业区位是生产和分配过程中所需要运输的里程和货物重量最低的地方。（3）克里斯勒中心地理论。该理论从中心居民点和城市的供应、行政管理、交通等主要职能出发，揭示了城市、中心居民点发展的区域基础及等级规模的空间关系，并将区域内城市等级与规模关系形象地概括为正六边形模型。（4）廖什市场区位论。该理论实质仍是工业区位论，其特点是把生产区位和市场范围结合起来，即正确地选择区位是谋求最大市场和市场区。

区位理论虽然不是专门谈城镇集聚的，但是产业、企业区位的选择过程和结果与城镇集聚过程并无本质差别。规模经济、运输成本和集聚经济的作用成为促进要素集聚于特定区位的经济力量。

3. 可持续发展视角的城镇化理论

在城镇化深入发展的过程中，资源环境的保护越来越受到重视。为了适应可持续发展的需要，创造良好的城市人居环境，学术界兴起了一些新的城市化理论思潮，其中影响较大的主要有生态学派的城市化理论、新城市主义等。

生态学派突出"以人为本"的思想，强调人与自然、人与生态环境关系的协调。19世纪末，英国社会活动家埃比尼泽·霍华泽在《明日的田园城市》一书中强调了城市规划与建设的设想，提出了"田园城市"的概念，用来描述一种兼有城市和乡村优点的理想城市。霍华德对当时的城市问题，提出了关于城市规模、城市布局、人口密度、城市绿化等问题的开创性设想，对现代城市规划思想具有重要的启蒙作用。以美国芝加哥大学帕克为代表的学者则运用生态学理论，认为城市是一种生态秩序，支配城市社区的基本过程是竞争与共生，如同生物体一样，人类社会中人与人相互依存、制约的关系决定着城市的空间结构。此外，芝加哥生态学派的代表理论还包括霍伊特的扇形模式论、哈里斯和厄尔曼多中心论等。研究生态系统的目的在于认识和正确运用自然规律，正如恩格斯所说："人类可以通过改变自然来使自然界为自己的目的服务，来支配自然界，但我们每走一步都要记住，人类统治自然界绝不是站在自然之外，我们对自然界的全部统治力量在于能够认识和正确运用自然规律"。而生态系统中最核心的规律就是生态系统的动态平衡规律。

20世纪下半叶，欧美发达国家的许多城市出现了长期的郊区化低密度、资源环境压力增大、城市中心区不断衰退、贫富分化、邻里关系疏远等问题。为解决这些问题，新城市主义理念开始兴起，并成为城市规划建设过程中重要的价值取向和指导思想。新城市主义的主要宗旨是尊重城市社区的地方特色文化，提升城市生活品质，以及在设计中将城市规划、城市设计、场地设计等不同空间尺度的设计紧密结合，以体现"以人为本"的设计理念。英国城市规划专家汤普森指出，新城市主义是主张在城市化的过程中既要保留风貌，也要保护生活，还要延续发展，把那些旧城变成一个个适宜居住和可持续发展的复兴之城，使其重新获得生命的新理念。

2.3.5　城乡统筹基本理论

城乡统筹理论主要通过对城乡关系、二元经济结构等问题的分析，提出城乡协调统筹发展的模式和路径，代表理论主要包括刘易斯的二元经济结构理论、科斯和杨小凯的交易费用理论、缪尔达尔的地理二元结构理论、佩鲁的发展极理论等。

1. 刘易斯的二元经济结构理论

二元经济结构理论首先由荷兰经济学家伯克于1953年提出，但该理论为发展中国家带来一个终极问题：当一个社会存在二元经济结构时，通过什么方式消除二元经济结构？回答这一问题需要构建两种制度的相互关系，诺贝尔经济学奖获得者 W. A. 刘易斯对这一问题提出了富有洞察力的见解，使二元经济结构理论成为发展经济学的理论基石。刘易斯将一个存在二元经济结构的社会分为资本主义和非资本主义两个部门，从地域分布来看，前者主要集中在城市，代表现代化生产部门，后者主要在农村，代表传统生产部门。因而，二元经济结构也决定了二元社会结构，在社会中形成城乡分割和城乡差距。经济基础决定了农民难以获得与城市居民相同的决策权利，从而制度设置的博弈结果是城市排斥农民。所谓消灭二元经济和社会结构，并非指消灭传统部门以及农民，而是指提升传统产业的生产率以及农民收入，使之与现代化生产部门以及城市居民收入保持一致。刘易斯提出在二元经济结构下，如果人口不断增长，传统产业部门技术水平又停滞不前，必然会出现大量剩余劳动力。受利益驱使，农业剩余劳动力必然会向城市工业转移，劳动力的涌入和竞争势必会降低城市工业的工资报酬；但随着剩余劳动力转移殆尽，再进一步减少农业劳动势必导致农业产量下降，加之城市规模扩大对农产品需求的提高，将导致农产品价格上升，农业的工资报酬也将上升。当农业工资报酬与城市工业工资报酬相等时，农业劳动力转移也就停止了。如果工业部门还要进一步雇佣劳动力，必须对农业作投资，提高农业的技术水平以降低农业生产的必要劳动。

刘易斯为发展中国家的城镇化建设规划了蓝图，但刘易斯理论也存在一些不足之处：一是刘易斯理论是建立在转移农村剩余劳动力不会影响产出的基础上，但研究表明成年劳动力离开两三年以上就会减少农业产出，且发展中国家短缺的是熟练工，农业剩余劳动力多为不熟练或半熟练工人，劳动力转移不能马上产生；二是刘易斯把传统部门置于被动地位，忽视了传统部门自身的发展，最终又阻碍了工业化和城市化的发展。刘易斯的理论可以看作为大城市发展战略，尽管存在一些缺陷，但对研究城乡发展提供了理论基石。在刘易斯之后，以托达罗为代表的诸多经济学家先后对二元经济结构理论进行了不同角度的修正和改进。

2. 科斯和杨小凯的交易费用理论

科斯认为市场个体在交易的过程中会产生交易成本，经济人会选择降低交易成本的方案——在"城市"中交易，城市越大，交易效率越高。但不是所有商品都会集中到大"城市"交易，如果增加的跑路成本超过所节约的交易成本，那么人们会选择离生产地或消费地最近的地方进行交易，就是次一级的小"城市"了。通常，以农业为主导产业的社会大多会形成上述的城市形态。

杨小凯同样也对存在异地转移的情况做出了分析，他的理论最突出之处在于把交易费用理论与古典的分工理论结合为一体，并采用了现代数学技术简化了个人最优选择空间，这可被称为超边际分析。杨小凯提出如果人们都向交易最便利地区集中时，该地区会成为一个稀缺资源，从而会引发地价上升，同时会带来交通、居住、犯罪等问题，即所谓大城市病。有些产业会因为地价上升超出了集中带来的好处，从而选择了次一级的城市，所以在稳定状态下大城市地价会高于中等城市，中等城市地价会高于小城镇。工业化社会大多会形成这样一种城市格局。

杨小凯还指出，如果转移成本足够大，或者人们收入太低不足以支付高昂的城市居住成本，那么在一个社会中完全有可能同时出现上述两种城市形态。只要转移成本降低，并随着人们收入不断提高，两种城市形态将会不断融合，形成新的城市体系。

3. 缪尔达尔的地理二元结构理论

缪尔达尔利用"扩散效应"和"回流效应"概念，把二元结构理论引入了经济发展理论，指出城乡的诸多差异会引起"累积性因果循环"，导致城市区域发展更快，乡村区域发展更慢，乡村发展陷入纳克斯描述的"贫困的恶性循环"，使城乡差异在逐步增大中出现"马太效应"，最终在空间组织结构上呈现出埃及发展经济学家阿明在《世界范围的累积》中所描述的"中心—外围"结构。要改变这种地理上的二元经济，政府应该在发达地区累积起发展优势时采取不平衡发展战略，促进其扩散效应的形成。

4. 佩鲁的发展极理论

赫希曼在 1958 年的《经济发展战略》一书中提出了不平衡增长论，认为发展中国家经济发展最大的障碍是资金不足，要集中有限的资金和资源发展一部分工业，进而带动整体经济的发展。以赫希曼理论为基础，法国经济学家佩鲁等进一步提出了发展极理论。佩鲁认为，发展中国家在资金有限的情况下，可以集中力量，努力培育"发展极"，形成"吸引中心"和"扩散中心"，以此推动经济的整体发展。不平衡发展战略倡导主导部门优先部门，具有启发意义。但该理论忽视了不稳的固化和极化效应。由于发展中国家供求缺乏弹性，极易造成结构失衡。在这些地区培育小城镇增长极，就必须同时重视区域内的经济联系与空间联系，否则容易造成增长极"飞地"经济的现象。

第3章 财政支持新型城镇化建设的现状及问题

近年来，我国新型城镇化建设进入快速发展阶段，国家及山东省各级财政部门均不断加大支持力度，积极创新投融资机制，以中心城市、县城和新型农村社区为重点，推动城市新区、中心城市组团、县城和新型农村社区建设，城镇的综合承载力、集聚力和辐射力明显提升。但在取得长足进展的同时，也暴露出诸多深层次的制约因素和公共风险，并对财政体制及相关政策提出了新的挑战。如何应对这些挑战化解相关风险，对于新型城镇化健康发展至关重要。

3.1 我国财政支持新型城镇化建设的整体分析

财政支持新型城镇化发展，必须关注"新"的特征，即要由过去片面追求城市规模扩大、空间扩张，改变为以提升文化、生态、公共服务等为核心，推动城乡一体化发展。基于新型城镇化与传统城镇化在本质特征上的差异，以下从实践经验和特征问题两方面对现阶段我国财政支持新型城镇化发展的运行管理及绩效产出状况做深入探讨。

3.1.1 我国新型城镇化建设的财政支持措施

财政支持能力对于城镇化具有重要作用，财政政策的巨大导向作用可以为城镇化提供良好的制度环境，消除发展速度过快带来的后遗症，并为公共服务提供资金支持。从我国的实际情况看，财政对新型城镇化建设的投入主要包含 4 个方面：①城镇公共设施建设。城镇公共设施属于公共品的范畴，由政府向城镇提供的、属于社会公众使用或享用的公共建筑或设备，按照具体的项目特点可分为教育设施（小学、中学等）、医疗卫生设施（医院、卫生防疫站等）、文化娱乐设施（图书馆、文化宫等）、交通设施（公共汽车、轨道交通）、社会福利与保障设施（敬老院等）、社区服务设施（社区活动中心）及满足基本生活的设施（燃气、供水、供电、供热、垃圾处理）等。随着人口向城镇集中，需要城市公共设施与之配套，以满足人们不断增长的物质、文化需要，提高人们在城市生活的质量。②生态环境保护建设。城镇化是工业化的结果，城镇的工业污染与周边的农业污染交织在一起，就会造成严重的生态问题。因此，城镇化过程必然要求加强环境保护，作为公共产品的环境保护，因其具有非排他性和非竞争性，政府财政必然扮演着重要角色、承担主要责任，这就要求政府财政加大投入以保护环境。③就业保障。为走向城镇的劳动力提供稳定的就业岗位、提供相应的就业服务是财政必须承担的重要职责。我国城镇化水平每提高 1%，就要占用耕地 190 万亩，需要安置失地农民 260 万人左右[①]。预计到 2020 年，当我国城镇化率达到 65% 的目标，需要占用耕地 2850 万亩、安置农民 4000 万人以上。这就需要政府财政根据市场需要，采取有针对性的措施，如免费提供劳动力技能培训、建立劳动力市场、提供劳动力市场需求信息、提供公益性岗位等为失地农民提供就业保障。④社会保障体系建设。在城镇化进程中，随着农民变为市民，农民失去了既是生产资料又是生活资料的土地，在遇到失业、疾病等风险时，就没有任何保障，这就需要政府财政加大对社会保障体系的投入，发挥社会保障体系"安全网"和"稳定器"的功能，以维护社会稳定，促进城镇化持续发展。

　　近年来，我国政府实施积极的财政政策，从上述领域入手较好地为新型城镇化建设提供了资金、政策等多方位的支持，有力地促进了我国新型城镇化的发展，主要措施及发展经验表现在以下方面：

---

①　孟翠莲. 略论财政促进城镇化可持续发展［J］. 经济研究参考，2010（65）：40－42.

首先，完善财政体制，转变财政职能，推动城镇化进程。在城镇化进程中，国家财政逐步改革完善财政管理体，合理界定财政职能范围，充分利用市场对资源配置的基础调控作用，逐步从竞争性领域退出，实现了从生产建设型财政向公共财政的转型。特别是分税制从制度层面增强了地方政府推进城镇化发展的财政动力。分税制赋予了地方财权，使其具备了为辖区居民提供城镇公共物品的基础财力；同时，分税制激发了地方政府发展经济做大财政收入蛋糕的积极性。地方政府在大力发展工业经济的同时，越来越重视第三产业的发展，从而促使城市建成区规模不断扩大、农村人口加速流向城镇、社会分工逐渐细化，促进了城镇化发展。

其次，发挥财税政策导向作用，加快新兴产业发展，带动城镇化发展。为了统筹推进城乡发展，打破城乡二元结构，我国较早就制定了大力发展城镇化的战略目标。在此过程中，财税政策一直都发挥着积极的引导作用，推动城镇化发展规划的制定与实施，支持各个地区的区域发展战略。各地发挥财政资金"四两拨千斤"的杠杆作用，积极整合各类产业发展引导资金，以支持招商引资和加快项目建设为抓手，促进产业集聚区建设，加快优势产业和新兴产业发展，增强经济发展后劲。

最后，提高财政支持强度，积极拓宽融资渠道，支持城镇化建设。近年来，公共财政不断加大财政资金投入力度，支持城镇化发展。一是在"三农"方面，我国财政取消了农业税，实施农业补贴，提高公共服务均等化水平，促进了城乡一体化。通过加强农村义务教育，特别是大力发展职业技术教育和培训，使农村劳动力掌握一定的技能或专长，使之有能力在城镇安家立业。二是在基础设施建设方面，财政通过预算安排等方式不断加大城镇化建设资金投入。重点支持城市规划、公益性基础设施建设、城市绿化等公共产品和服务领域。三是在财政投融资方面，各级财政从土地出让收入、城市维护建设税、城镇公用事业附加、城市基础设施配套费等多个渠道筹集财政资金用于支持城镇化建设。同时，积极构建多元化的城镇基础设施、公共设施建设的投融资体制。充分利用融资平台，吸纳社会资金。支持探索城市基础设施特许经营制度，综合运用 BT、BOT 等多种模式，吸引民间资本和社会资金参与城市基础设施建设。

3.1.2 我国新型城镇化建设取得的成效

随着公共财政体系的不断完善，一系列财税支持政策的相继出台，我国城镇化水平得到了快速发展。1997 年中国城镇化率为 29.92%，到 2013 年城镇化率达到 53.73%，如果从 1993 年国务院颁布《关于户籍制度改革的决定》算起，20 年来中国的城镇化率实现了翻番。然而，对于中国目前的城镇化水平，理论界存在很大的分歧。主流观点认为，中国的城镇化严重滞后，他们的分析主要集中在工业化和城市化的比较，中国同国际经验的比较；另有一种观点则认为前者夸大了中国城镇化滞后的程度，认为中国的城镇化大体合适；此外，还有观点认为，中国不是城市化滞后，而是隐性超城市化，工业产值中的大部分是乡镇企业和进城打工的农民工创造的，应当把这些农民工及其供养的家庭也计算在城市人口中才比较合理。后两种观点可能对统计数据有一定误解，按其计算方式会出现扩大城镇人口范围的倾向，也夸大了城镇化水平。

判断我国城镇化率，特别是新型城镇化发展水平是高还是低，是超前还是滞后，可从不同角度采用不同的方法，既可以按城市化与工业化发展的相互关系，又可以进行国际比较。因此，以下选取多种参照体系，从多个维度来探讨公共财政支持下我国新型城镇化的建设状况。

1. 基于区域、产业、非农化等维度的我国新型城镇化水平状况

与同一收入水平下的常态城市化水平相比，中国的城镇化水平严重滞后。钱纳里等通过对世界上 100 多个国家的综合分析，得出在常态发展状况下平均的城市化水平，一般称"发展模型"。中国的数据与这一"发展模型"比较可以看出，中国城镇化水平与世界水平的偏差逐年扩大。以 1999 年为例，中国人均国民生产总值为 800 美元，根据"发展模型"推算，中国城市化水平应为 60.1% 左右，而中国城市化水平实际仅为 34.78%，低于理论值近 25.32 个百分点（如表 3.1 所示）。也就是说与同等收入国家相比我国城市化水平明显偏低。

表 3.1　　　　发展模型中常态城市化水平与我国城镇化水平的比较

人均 GNP（美元）	200	300	400	500	800	1000
常态城市化水平（%）	36.2	43.9	49.0	52.7	60.1	63.4
中国城市化水平（%）	17.92	24.52	26.94	27.99	34.78	39.09
偏差（%）	18.28	19.38	22.05	24.71	25.38	24.31

与工业化水平相比，中国的城镇化水平严重滞后。理想的城市化模式是工业化和城市化同步推进，二者协调发展。以工业化水平位参照物探讨城市化水平的高低，判断中国城镇化是否滞后，可从两个方面探讨：

一方面，通过本国城市化水平与工业化水平的偏差系数进行分析。从国际经验而言，国外城市化水平与工业化水平的偏差系数一般为正值，而中国的情况却与其背道而驰。从 1950 年至今，根据我国数据所计算的偏差系数，中国的工业化一直超前于城镇化，也就是说中国的城镇化是滞后的。但同时还应看到，20 世纪 80 年代以来，城镇化率与工业化率的偏差在逐年缩小，2006 年二者只有 5 个百分点了，偏差系数只有 -0.10，到 2012 年我国城镇化率超过 50%，工业化率约为 47%，城镇化滞后问题已得到很大改观。

另一方面，以钱纳里"发展模型"的常态发展过程中城市化和工业化的关系为标准进行分析。钱纳里等认为，在工业化和城市化初期，工业化的发展快于城市化，但当二者基本处于 13% 的水平之后，城市化的进程将快于工业化，并将促进工业化发展。表 3.2 将相同人均 GNP 下"发展模型"中的城市化与工业化关系和中国的数据进行了比较分析。

表 3.2　　　　中国数据与"发展模型"中工业化和城市化关系的比较

人均 GNP（美元）	"发展模型"			中国		
	城市化水平（%）	工业占 GNP（%）	偏差	城市化水平（%）	工业占 GNP（%）	偏差
200	36.2	21.5	14.7	17.92	44.3	-26.38
300	43.9	25.1	18.8	24.52	38.9	-14.38

续表

人均 GNP（美元）	"发展模型"			中国		
	城市化水平（%）	工业占 GNP（%）	偏差	城市化水平（%）	工业占 GNP（%）	偏差
400	49.0	27.6	21.4	26.94	37.4	-10.06
500	52.7	29.4	23.3	27.99	40.8	-12.81
800	60.1	33.1	27.0	34.78	42.7	-7.92
1000	63.4	34.7	28.7	39.09	44.8	-5.71

从表 3.2 可以看出，中国的城市化和工业化水平偏差与世界一般水平存在一定差距。通过折线图 3.1 能够更清晰发现，在国际一般模式中，钱纳里偏差一直在零轴以上，即城市化水平高于工业化水平。与之相反，中国的偏差一直在零轴之下，即城镇化水平要低于工业化水平，城镇化推进的速度远远低于工业化推进的速度。改革开放以来，随着城镇化推进的速度明显加快，城镇化与工业化的偏差呈下降趋势。但直到 2002 年，城镇化与工业化的偏差还为 -5.71 个百分点，仍然为负值，城镇化滞后的状况虽得到改善，但依然没有根本改变。

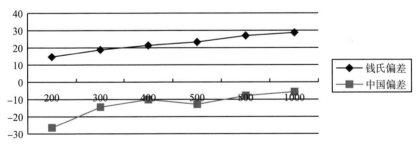

图 3.1 钱氏偏差与中国偏差的比较

与非农化水平相比，中国的城镇化水平滞后。非农化指标可以用非农业产值比率或非农业部门就业率表示，为避免重复，本部分采用非农就业率与城市化水平进行对比。我国的城市化水平一直滞后于非农就业比率，并且从速度上看非农化的速度要快于城市化的速度，二者的差距呈逐步扩大趋势。这种趋势持续到 1995 年。1996 年城市化进程加快之后，非农化与城市化的差距才开始逐渐缩小，但直到 2005 年，二者比率仍然高达 1.26。

吉利斯等曾指出，随着人均收入从 200 美元上升到 1000 美元，工业增值平均从占国内生产总值的 18% 增加到 30% 左右，对于一个典型国家来说，其城市人口从仅有总人口的 20% 会增长到 30% ~ 50% 以上。综上可知，我国城镇化水平整体上是滞后的，这种滞后不仅表现为滞后于国内经济发展水平、滞后于工业化和非农化进程，也表现为滞后于国外同等发展水平国家或同样发展阶段的城市化水平。

2. 我国新型城镇化的速度

中国新型城镇化的发展速度在理论界也存在较大分歧，主要存在过快和缓慢两种观点。根据前述对城镇化发展水平的分析，总体而言我国的城镇化水平是滞后的，因此速度绝不是快了，而是慢了。但另一部分学者从资源、环境的城市化条件分析，提出在人口膨胀、资源短缺的条件下加快工业化和城市化的步伐，其结果可能会遭遇资源、环境的瓶颈。因此，将中国现在的城镇化速度与发达国家城市化过程中的速度加以比较，会有助于更正确地判断中国现在城镇化速度的合理性。发达国家在工业化和城市化过程中都有过城市化较快推进的时期，而这个时期往往也是工业化较快推进的时期，特别是德国和日本。1871 ~ 1910 年，德国城市化率从36.1% 增长到 60%，其中 1890 ~ 1900 年，城市化率由 42.5% 提高到54.4%，10 年增加 11.9%，每年平均上升近 1.2 个百分点。日本城市化率曾经由 1950 年的 37.5% 增长到 1955 年的 56.33%，城市化率 5 年上升18.83%，平均每年提高 3.77 个百分点。而且从较长时期来看，日本城市化进程也特别快，日本城市化率从 1950 年的 37.5% 上升到 1980 年的76.19%，30 年平均每年增长近 1.3 个百分点。德国和日本高城市化的根本原因在于快速工业化。

中国在 20 世纪 90 年代和 21 世纪初年城镇化率每年平均提高 1 个多百分点。其实，对比德国和日本城市化曾经出现过的高速度，中国的城镇化速度并不是独有的，也不是最高的，其根本原因也在于改革开放以来中国工业化进程的加速。城镇化是否合理，主要不能以速度的快慢作为标准，而是要看城镇化的健康状况。在中国城镇化快速发展的同时，中国城镇并没有出现诸如拉美国家和印度那样严重的"城市病"、大量的失业和大面积的贫民窟。目前中国新型城镇化仍将保持较快的发展趋势。

3. 我国新型城镇化的规模结构

从中国城镇化几十年的实践来看，虽然各种规模等级的城市都有所发展，珠江三角洲、长江三角洲、京津唐等地区城市带、城市群、大城市数量大幅增加，出现了一批以地区级城市为主的中等城市、小城市发展迅猛。但从总体上说，中国的城镇化模式实际上是以小城镇为主的分散化模式。

首先，以小城镇为主的城镇化模式受到政策上的支持。自 1978 年实行改革开放以来，中国的城镇化由被压制转为松动和放开，但在当初经济高速增长而城乡严格分隔的背景下，积极发展小城镇成为最佳的政策选择。而且，这种城镇化的政策倾向一直延续至今。这种政策在实践中的长期贯彻实施，造成了中国以小城镇为主的城镇化模式。

其次，改革开放以来，在各种规模等级城市的成长中，小城镇的发展最快、人口总量最大，表明中国的城镇化模式是以小城镇为主的。伴随着中国的城镇化进程，各级各类规模的城市都有所增长。但比较而言，小城镇发展较为突出，不仅数量大幅度增长，而且聚集的人口规模也在不断增加。从城镇数量上讲，20 万人以下的小城镇数量最多，一直占城镇总量的 50% 左右。从人口比重上看，在 2008 年全国 19243 个小城镇的非农人口占城镇非农人口的比重仍然保持在 45% 的水平。

4. 我国新型城镇化的空间分布

经过几十年的发展，我国城镇的空间分布呈现出网络型和据点型相结合，分散型和集中型相结合、松散型和紧凑型相结合的特点。目前，我国的城镇主要分布在长江三角洲、珠江三角洲、环渤海等 23 个城市密集地区和都市区，城市密集地区的出现和都市区的形成与快速发展，即城市群的形成，是城镇化速度、水平的提升和城镇数量、规模的增长在空间上的突出表现。因此，中国城市群的空间结构集中体现了中国城镇化的城镇空间分布特征。

城市群是城镇化发展到一定阶段的客观产物，是城市影响地域扩大化、城市间互动联系密切化、城市区域主体多元化、城市区域空间系统复杂化孕育的一种新的区域空间组织形态，是当前中国城镇空间分布的主要形式。在我国的 23 个城市密集区和都市区中，以长江三角洲、珠江三角洲、环渤海地区为主的城市密集区高度发展，已成为支撑中国经济发展的主要区域。以聚类分析法从产业、空间和交通三个视角分析 23 个城市群的综合紧凑度，将中国城市群划分为高度紧凑、紧凑、中度紧凑、低度紧凑和不紧凑 5 个等级，结果发现，中国城市群紧凑度不高，且空间差异性大。其中高度紧凑的城市群尚不存在，紧凑的城市群（指数在 0.5 ~ 1.0之间）有 3 个，包括长江三角洲城市群、珠江三角洲城市群和京津冀都市圈；中度紧凑的城市群（指数在 0.35 ~ 0.5 之间）有 6 个，低度紧凑的城市群（指数在 0.15 ~ 0.35 之间）有 7 个，不紧凑的分散城市群（指数在0 ~ 0.15 之间）有 7 个，具体如表 3.3 所示。由此可见，中国城市群综合紧凑度呈现由东向西、由南向北逐渐降低的分异态势。

表 3.3　　　　　　中国城市群综合紧凑度的聚类分级表

紧凑等级	U_c	城市群名称	数量
高度紧凑	$U_c \geqslant 1.00$	无	0
紧凑	$0.50 \leqslant U_c < 1.00$	长江三角洲城市群、珠江三角洲城市群、京津冀都市圈	3
中度紧凑	$0.35 \leqslant U_c < 0.50$	中原城市群、长株潭城市群、武汉城市群、山东半岛城市群、辽东半岛城市群、关中城市群	6
低度紧凑	$0.15 \leqslant U_c < 0.35$	皖中城市群、闽南金三角城市群、济宁城市群、晋中城市群、成渝城市群、银川平原城市群、南北钦防城市群	7
不紧凑	$0 \leqslant U_c < 0.15$	黔中城市群、赣北鄱阳湖城市群、滇中城市群、兰白西城市群、哈大长城市群、酒嘉玉城市群、呼包鄂城市群	7

5. 我国新型城镇化的二元结构

二元经济结构是发展中国家的基本经济特征，而在中国，不仅存在典型的经济结构，而且较之刘易斯的二元经济更加复杂，更有特色：一是农村经济部门和城市经济部门是相对封闭、彼此分割的，生产要素并不能在两个部门之间自由流动，而是受到严格的限制。这种二元结构在很大程度上由以户籍制度为核心的社会制度因素决定，这是一种"行政主导型的二元结构"；二是在农村经济部门和城市经济部门内部各自也存在二元经济结构，即在农村内部存在着农村传统经济部门和非农产业的二元经济结构，在城镇内部存在着非正规部门和正规部门的二元经济结构，因此，中国经济实际上存在着"双二元经济结构"或"四元经济结构"。可见，中国的二元经济结构和二元社会结构是并存且相互强化的，实际上形成了二元经济社会结构。这种结构实际上增加了中国城镇化的复杂性和艰巨性。城乡双重所有制体制、双重公民身份体制、双重交换体制、双重分配体制分别造成了在价值规律支配下的劳动力流动机制、城乡劳动力及其供养人口双向对流机制、等价交换机制、收入差引力机制等城市化过程的基本运行机制的失灵或扭曲。

当然，随着改革开放的深化和经济增长方式的转变，中国城乡体制的二元性特征也出现了一些显著的变化。第一，农村工业和小城镇快速发展，形成了城市工业化与农村工业化，整体城市化与农村城镇化齐头并进的局面，展现着中国新型城镇化的鲜明特征；第二，城乡二元制度正在逐步朝向城乡一元化改革，其中限制人口流动的制度基本消除，农民工与市民的差距正在逐步缩小，城镇化进入加速发展阶段；第三，中小城市迅速发展，城市功能逐步健全，服务性产业迅速发展，城市现代化的辐射功能增强，城乡共同发展的格局正在形成；第四，随着对外开放和外向型经济的发展，城市的发展也趋于开放化，对外开放已形成了由沿海到内地渐次推进的全方位、多层次的城市开放格局，使城镇化的发展逐步具有了世界性，从中已开始产生一批国际化的都市。

3.1.3 财政支持新型城镇化建设的特征与问题

财政作为新型城镇化发展的主要资金来源和经济驱动力，如何在新型城镇化进程中实现资源统筹安排、高效利用以及对社会资金的引导是财政绩效评价的核心。近年来伴随财政绩效工作的推行，各地政府联合第三方审计机构在财政支持新型城镇化领域开展了诸多绩效评价的实践探索。在取得一定评价效果的同时，也反映出我国财政在支持新型城镇化发展中存在的不足，主要表现在以下方面。

1. 财政支持的二元特征依然存在并不断扩大

我国由于传统体制、城乡分治所形成的二元经济结构及二元社会结构直接导致政府公共财政在支持新型城镇化过程中存在显著的二元特征。尽管我国政府已开始重视对二元结构的弥合，财政支持的二元特征出现了一些变化，例如农村工业、中小城市及小城镇的迅速发展、城乡一元化的改革等，但一定时期内城乡二元结构仍无法得到根本改变，甚至部分区域差距还在不断扩大。这种财政支持二元性的扩大，一方面体现在财政资源分配的二元化，包括二元保障制度、二元教育制度、二元公共投入制度等，使得农村人口在获取教育、医疗、住房等资源上仍受到诸多政策限制[1]；另一方面则由公共财政投入的滞后性造成，地方财力不足以及财政支持效率偏低，导致对新入居民的有效投入严重滞后，财政支持与城乡发展需求间的匹配存在错位。

2. 新型城镇化的地区性差异明显

特殊的地理环境造成我国各地的经济发展水平和城市分布行对集中在东部地带，东中西三大地带呈现明显的梯度差异，在城市化发展上亦呈现明显的地区性差异。从总体上看，东部地区明显高于西部地区。从

---

[1]　贾康，孙洁. 公私合作伙伴机制：新型城镇化投融资的模式创新 [J]. 中共中央党校学报，2014（01）：64－71.

城市数目看，东部地区城市数目增长快。与此同时，东部地区的城市化进程化中，西部地区明显要快，已经进入城市化发展的中期阶段，中部地区正处于初期向中期的过渡阶段，西部地区仍处于城市化发展的初期阶段。

3. 财政支持渠道单一，支出结构不合理

我国现有的新型城镇化发展财政支持体系主要以财政资金、土地投融资为主要资金来源，融资渠道单一，且缺乏持续性。财政支持方式以财政资金支出、以奖代补等财政预算资金投入为主，村镇银行、农村资金互助社、小贷公司等新型农村金融组织参与较少，融资方式仍是以银行而非金融市场为主。在财政支出结构方面，政府投资存在"重新城、轻旧城""重大中城市、轻低级别城市""重工业、轻服务业"等问题，这些支出结构的不合理进而影响了金融机构、社会资金的投资导向。据预计2020年我国的城镇化率达到60%，由此带来的投资需求约为42万亿元，仅依赖现有财政支出体系显然不可能，必须优化和完善金融制度环境，建立规范高效的以财政支持为引导、多元化资金支持的新型城镇化发展投融资机制。

4. 财政支持绩效评价重分配轻产出，指标设计缺乏科学性

财政支持新型城镇化发展的实际管理工作中，各级财政部门更关注资金决策和分配，较少考核资金投入后对新型城镇化发展的作用过程及产出结果，这也是其他领域财政投入普遍存在的现象。实质上，财政支持新型城镇化发展的绩效评价应对资金使用合规性、预期目标达成情况、投入产出的经济性、效率性等财政支持全过程做出系统的评测，回归财政资源的真正使用目的。而在具体评价指标的选取上，各部门多倾向简单、可操作的定性和定量指标，如管理办法、分配标准、财政支出总额、人均可支配收入等。这些指标虽直观、易于量化，但选取角度和过程过于主观单一，评价结果也就无法准确全面地反映财政支持新型城镇化发展的实际水平和发展趋势。

3.2 山东省财政支持新型城镇化建设的发展现状

在全国新型城镇化建设快速发展的背景下，山东省也高度重视新型城镇化工作，特别是进入 21 世纪以来，多次召开工作会议，出台一系列重大举措，经过十多年的努力，全省城镇体系不断完善，城镇承载能力进一步提升，城乡面貌发生巨大变化，城镇化进程明显加快，呈现出鲜明的阶段性特征。

3.2.1 财政支持新型城镇化建设的主要举措

加快城镇化发展是"十二五"时期山东省经济社会发展的重大战略之一，山东财政按照省委、省政府确定的"一群一圈一体一带"重大战略规划，充分发挥公共财政的职能作用，不断加大投入力度，创新资金管理方式，提高城乡公共服务水平，为新型城镇化建设提供了资金、政策方面的保障。

1. 转变发展方式，提升新型城镇化发展质量

新型城镇化战略地位不断凸显，山东省政府相继出台《关于大力推进新型城镇化的意见》《山东省城镇化发展纲要（2012~2020 年）》《关于加强农村新型社区建设推进城镇化进程的意见》等促进山东省新型城镇化建设的政策意见，"百镇建设示范行动"试点范围扩大到 200 个，山东省县域城镇化已进入加速发展的重要机遇期，体现出城乡基础设施一体化和公共服务均等化的新型城镇化理念。特别是在土地综合整治方面，省政府从 2007 年至今先后形成《关于加强全省土地开发整理工作的意见》《关于加强土地综合整治推进城乡统筹发展的意见》《关于进一步规范城乡建设用地增减挂钩试点加强农村土地综合整治工作的意见》等多项指导性文件。针对土地开发整理工作中不同程度地存在的问题，例如项目规模小，数量多，布局散；管理战线长，环节多，监管难度大；整理重点不够突出

等，提出了改进和治理的政策措施。在城镇化建设工作中，落实最严格的耕地保护和节约用地制度，确保粮食安全、优化城乡建设用地结构布局，高效合理配置土地资源，把土地整理复垦开发与城乡建设用地增减挂钩有机结合，整体开展田、水、路、林、村一体化的土地综合整治工程，确保城乡统筹发展。

2. 增加财政投入力度，支持新型城镇化稳步推进

加快城镇化发展离不开资金支持，近年来，山东财政着力加大投入力度，推动城镇化健康发展。一是建立城镇化发展资金投入机制。山东财政通过贴息贷款、转移支付等方式加大对城乡基础设施和公共服务的投入，支持城镇公共服务设施建设和产业发展。2007 年出台《山东省省级小城镇规划建设专项资金管理办法》，通过奖励、补助等方式，吸引地方财政、金融机构和社会资金等投入村镇规划与建设，包括村镇规划、村庄整治、示范镇奖励和省际边界地区城乡环境综合整治等方面。2011 年省级新设小城镇发展资金 10 亿元，集中资金扶持一批经济强镇加快发展，各市县也建立一定数量的城市建设专项资金支持辖区内的中心镇、重点镇的建设和发展。二是建立省级重点中心镇奖励机制。从 2010 年起，山东省印发了《省级重点中心镇奖励资金管理暂行办法》，山东财政建立省级重点中心镇奖励机制，通过对各镇城镇化工作进行绩效考评，重点考核各镇城镇化率、工商税收增长率、城镇职工基本养老及医疗保险覆盖面、人均财政支出等综合指标，并依据考核结果确定最终分档奖励标准。连续 3 年每年安排 1 亿元"以奖代补"资金，支持 16 个中心镇加快城镇化发展。三是激励城镇产业集聚区加快发展。将省、市和县级财政安排的支持中小企业发展专项资金整合起来，集中用于扶持城镇中小企业重点产业集群发展。

3. 突出规划的引领作用，协调发展大中小城镇

一是突出发挥规划的科学引导和宏观调控作用。区域性战略性规划编制不断加强，注重从战略层面研究城市定位和空间布局。2011 年，省政府批准实施了《黄河三角洲城镇发展规划》和《鲁南地区城镇发展规划》，为实施两大国家战略、优化城镇体系布局、促进区域竞合共赢提供了科学

依据。编制完成了《青岛—潍坊—日照区域空间布局与协调发展战略研究》，建立了区域发展会商机制。目前全省108个市县的城市总体规划，91个已批复实施，为城市健康长远可持续发展提供了法定依据。二是城镇发展新格局初步形成。在城乡规划的调控和引领下，全省城镇发展格局进一步优化，"一群一圈一区一带"的城镇发展框架初步建立，基本形成了以城市群为主体形态，大中小城市和小城镇协调发展的城镇体系新格局。

4. 建立县级基本财力保障机制，促进县域经济发展

近年来，山东财政相继出台了一系列加快县域经济发展的政策措施，增强了县域城镇化的发展动力。一是加大省级统筹县乡区域发展力度。2011年山东财政安排县级基本财力保障资金26亿元，对56个财政困难县加大帮扶力度。同时在安排教育、医疗卫生、社会保障等民生政策补助时，也加大对财政困难县的倾斜力度。二是完善市县两级财政激励约束机制。省级财政对利用自有财力增加县级补助、缩小辖区内县级财力差距的市以及通过自身努力积极消化缺口的县，给予适当奖励，调动了地方发展的积极性。三是积极推进省管县改革。为了进一步理顺省以下财政体制，提高县乡财政保障水平，2009年山东省选择20个县（市）启动省直管县财政改革试点。改革后，省级在"三农"投入、民生支出、经济建设等资金分配方面，均加大了对省直管县倾斜力度。

5. 夯实农业发展基础，加快农村经济发展

在城镇化快速发展的同时，山东财政采取一系列措施来加强和巩固农业的基础地位，促进农村经济发展，为新型城镇化和工业化提供了强有力的支撑。一是加强农村基础设施建设。2011年，山东财政筹集资金65亿元推动农业基础设施建设，夯实产业振兴基础。二是支持农民专业合作组织发展。2011年山东财政筹集资金8500万元，支持各类农民专业合作组织加快建设专业化、标准化、规模化、集约化的种植、养殖基地，积极开展多种形式的生产经营服务。三是推进现代农业产业发展。安排贴息资金，重点支持对地方经济发展贡献大、带动农民增收效果好的500家龙头企

业。通过税费优惠等手段，积极引导城市中小企业向农村转移，鼓励农民个人创业，发展农村资源开发、农产品加工和为生产生活服务的第三产业。

6. 改善和保障民生，完善城乡公共服务体系

近年来，山东财政改变政策思路，在城镇化过程中更加关注民生，坚持走民生型城镇化道路。一是实现城乡教育事业均衡发展。通过安排专项资金，引导和扶持农村及经济薄弱地区发展学前教育，提高农村初中和小学的生均公用经费补助标准，促进农村教育事业发展。二是完善城乡医疗卫生服务体系。创新资金管理机制，提高新农合和城镇居民基本医疗保险的补助标准。同时安排专项资金 2 亿元，支持全省实施村卫生室服务能力提升工程。三是逐步拓宽城乡劳动力就业渠道。根据宏观形势变化，不断调整扶持导向和重点，逐步扩大扶持范围，积极推进部分政策的普惠化，构建起了包括培训、求职、创业、税费减免、担保贷款等在内的系统化的促进就业政策体系。四是扩大居民养老保险覆盖范围，建立完善的社会保障体系。为解决城乡无养老保障居民的老有所养问题，2009 年山东省政府出台了《关于开展新型农村社会养老保险试点的实施意见》，2011 年又出台了《关于贯彻国发〔2011〕18 号文件开展城镇居民社会养老保险试点的意见》，按照统筹城乡社会保障体系建设的要求，选择部分县（市、区）进行试点工作，建立与山东省经济社会发展水平相适应、与其他保障措施相配套，管理规范化、服务社会化的城镇居民养老保险制度，使未参加其他社会养老保险的城镇居民享有基本养老保障。

3.2.2　财政支持新型城镇化建设的现状评估

以山东财政支持新型城镇化建设的系列举措为基础，从总体水平、发展质量、发展格局、城乡产业结构等七个维度系统评估山东省新型城镇化建设现状，为评价和检验新型城镇化建设的财政支持作用提供实践依据。

1. 山东省新型城镇化的总体水平

从山东省新型城镇化的总体水平看，城镇化发展进入中期阶段，经济社会结构发生深刻变化，处于提质加速的重要时期。近 10 年来，城镇化率快速提升，年均增长 1.07 个百分点，全省城镇化水平由 2006 年的 46.1% 提高到 2011 年的 50.95%，城镇人口总量历史性超过农村人口。根据诺瑟姆曲线，山东省城镇化正处于 30%～70% 的快速发展期，发展速度保持稳步提高态势。截至 2011 年底，48 个设市城市城镇化率均超过 35%，其中有 21 个设市城市超过 50%；在 60 个县中，有 55 个县人口城镇化率超过 30%，其中有 23 个县超过 40%。

目前山东省共有大型城市 7 个，较大型城市 9 个，中等规模城市 32 个，小城市 60 个，乡镇 1314 个。这些城市当中，有 10 个城市进入全国综合实力前 100 名，26 个县（市、区）位居全国百强，95 个县（市、区）位居全国千强乡镇。从总体情况来看，与其他省市相比山东省的大中型城市较多，均匀分布在全省不同区域，中等城市发展较好，而且发展较快的一些城市对周边城市起到了很好的带动作用。我国规模较大的城市群有三个，即长三角、珠三角、京津冀，而山东半岛城市群已经能够与这三大城市群并列。山东省济南都市圈、黄河三角洲城镇发展区、鲁南城镇带目前经济建设和发展速度都比较稳定。

2. 山东省新型城镇化的发展质量

山东省人口城镇化在总体上保持了平稳较快的发展态势，期间未出现大起大落的异常情况。2010 年山东省城镇人口为 3730 万，比 20 世纪 90 年代初期增长 66.3%，年均增加 76 万，城镇人口比重上升为 73%，在城镇化水平年均提高 1 个百分点的同时，全省非农产业就业比重年均提高 0.94 个百分点，城镇人口与非农就业岗位基本实现同步增长。如果按照非农产业从业人员及其赡养的人口推算，全省主要依靠非农产业收入维持生活的居民约为 3839 万，占总人口的 40%。

与此同时，全省各地新建了大量城镇，扩大了原有的城市规模。从发展质量看，基础设施建设力度进一步加大，城市功能不断完善，城镇化质量不断提升。全省设市城市和县城道路面积 8.5 亿平方米、日供水能力 2044 万立方米、用气人口 3592 万人、集中供热面积 6.8 亿平方米，分别比 2009 年增长 19.1%、13.7%、6.2%、31.9%。城乡面貌发生显著变化，全省城镇人均住房建筑面积达到 33.18 平方米，人均公园绿地面积 16 平方米，污水集中处理率 91.2%，生活垃圾无害化处理率 85%，投资环境显著改善，低碳生态成为城镇持续发展的主导方向。

3. 山东省新型城镇化的发展格局

随着黄河三角洲高效生态经济区和山东半岛蓝色经济区建设加快推进，山东省陆海统筹、蓝黄融合、一体发展态势逐步显现，带动省会城市群经济圈、鲁南经济带等内陆地区扩大对外开放水平，加快发展步伐。从发展格局看，城市规模不断扩大，呈现出以城市群为主体形态，大中小城市和小城镇协调发展的良好局面。2010 年，山东省重点区域经济发展速度均超过 13%，明显高于全省经济增速（12.5%）。在区域经济的有力推动下，城乡布局不断优化，截至 2011 年底，全省城市和县城建成区面积达到 5083.3 平方公里。东中西城镇化发展全面提速，山东半岛城市群和济南都市圈发展明显加快。2011 年黄河三角洲高效生态经济区城镇化率达到 48.7%，增速高出全省 1.05 个百分点；半岛城市群城镇化率达到 58.5%，高出全省平均水平 7.6 个百分点；暂住人口达到 616.5 万人，占全省总量的 84.2%，显示出一定的辐射带动能力。

4. 山东省城乡产业结构发展状况

从城乡关系看，山东省新型城镇化建设呈现出明显的均衡性趋势，开始进入以城带乡，城乡融合的重要时期。城乡产业结构明显优化，三次产业比例由 2009 年的 9.6∶56.3∶34.1 调整优化为 2011 年的 8.8∶52.9∶38.3，第二、三产业的快速发展拓展了城镇发展空间，使得城镇发展的可能性进一步提升，而农村劳动力得到了大量的转移就业机会，带动了人口和生产要素向城镇聚集。农村社区快速发展，带动了农村面貌和基础设施的改善。截至 2011 年底，全省共建成新型农村社区 8000 多个，1000 多万农民实现居住社区化、生活城市化，新型社区已成为农民就地就近城镇化的新载体。

5. 山东省社会服务和民生建设状况

从发展方式看，山东省新型城镇化建设更加注重民生建设，公共服务体系逐步健全，民生保障水平显著提高。一是全省财政用于民生方面的支出累计达到 8928 亿元，城镇新增就业和农村劳动力转移就业连续八年实现双过百万。二是保障性安居工程扎实推进。2009 年以来累计向社会提供各类保障性住房 41.4 万套，集中建设农房 320 万户，改造危房 61 万户。2011 年，全省开工保障性安居工程 36.05 万套，开工率 111.3%，各类棚户区改造安置房开工和货币补偿 12.79 万户，完成年度任务的 110.5%，2011 年城镇居民人均住宅面积达到 33.2 平方米。三是教育医药卫生事业不断发展，逐步建立广覆盖、多层次、与城镇化发展水平相适应、可持续的城乡社会保障制度，重点解决农民工家在农村、人在城镇和在城镇工作、无市民待遇等问题。出台了户籍制度改革、土地管理制度改革、城镇管理体制改革等方面政策，城镇化发展体制机制不断优化。养老、医疗等社会保障体系基本实现全覆盖，文化、体育等公益设施日趋增多，重点解决好征地拆迁、弱势群体生活保障、进城农民工权益维护等热点难点问题，使全体人民共享城镇化发展的成果。

6. 山东省城乡一体及农村发展水平

城乡一体快速推进，农村发展水平全面提升。一是县城发展步伐加快。山东省委、省政府实施双"30"战略和扩权强县等一系列改革措施，着力做大县城，推动县域经济发展取得长足进步，环境面貌得到显著改善。一批经济强县、强市加快崛起，呈现出亮点多、发展快、效益好、后劲足的局面。二是小城镇发展活力凸显。小城镇规模不断扩大，经济实力明显增强，市政设施供给能力明显提升，发展环境不断优化，对农民进镇务工经商的吸引力不断增强，促进了农民就地就近城镇化。2013 年，山东省完成首批一百个示范镇考核，并新增 100 个省级示范镇，预计 200 个示范镇地方财政收入同比增长 25%，达到 228 亿元，约占全部小城镇的 38%。三是新型农村社区建设促进了农村集聚发展。按照"积极探索、先行试点、稳步推进"的原则，以农村住房建设与危房改造为契机，通过村庄合并、迁村并点等措施，积极推进新型农村社区建设。2013 年，全省新建村新型社区 600 个，累计建设 5790 个，约 422 万户、1394 万人农民住进新社区。40% 的建制镇、56% 的农村新型社区建有污水处理设施，乡镇污水集中处理率、生活垃圾无害化处理率分别为 33%、50%，同比均提高 6 个百分点。新型农村社区已成为我省农民就地就近城镇化的新载体，为新型工业化、新型城镇化和农业现代化"三化同步"创造了有利条件，促进了城乡一体化发展。

7. 山东省生态环境和城镇承载能力

首先，低碳生态成为山东省城镇持续发展的主导方向。目前山东省 17 设区城市均已提出了低碳或生态城市建设目标，90% 以上的县（市）出台了促进低碳或生态发展的具体措施。济南启动了中英低碳经济战略规划研究项目；青岛规划建设中美、中欧和中日低碳经济实验区；东营市政府被国家住房城乡建设部列为"中日生态城"试点市；德州被列为中瑞低碳城市示范项目城市；潍坊率先在全省开展低碳社区建设试点，19 个低碳社区建设已初见成效。其次，节能减排成效突出。建筑节能工作取得重大突破。新建建筑节能和墙材革新深入推进，施工阶段节能标准执行率达 98%，新型墙材生产、应用比例分别达 86.8%、98%。山东省成为国家公共建筑节能监管体系建设示范省。污水和垃圾处理水平进一步提高。目前，全省共建成污水处理厂 211 座，形成污水处理能力 1020 万立方米/日，处理能力列全国第 2 位。2011 年新建成垃圾处理场 15 座、垃圾中转站 9 座，新增垃圾处理能力 5860 吨/日，实现"一县一场（站）"目标，全省城市和县城生活垃圾无害化处理率达 85%。最后，城乡基础设施进一步完善。全年完成城市基础设施建设投资 990 亿元，同比增长 5%。新增 5 个国家园林城市、16 个省级园林城市。村镇面貌发生较大变化，全年完成村镇建设完成投资 1370 亿元，同比增长 6.7%。全省 5450 个村庄开展了环境整治，3686 个村庄结合农房建设进行了环境建设，受益群众达 450 多万人。

3.3　山东省财政支持新型城镇化建设的制约因素

在肯定成果和经验的同时，也要清醒地看到，山东省新型城镇化发展过程中同样存在一些必须高度重视和需要着力解决的问题和制约因素，例如质量欠缺、速度不快；城市群发展滞后，大中城市辐射带动能力仍需进一步提升，小城镇规模小、实力差；城市基础设施和公共服务设施投入不足、承载力不强，城镇土地利用效率不高等，其中有些因素是我国新型城镇化建设进程中所共同面临的通病。这些因素不仅严重制约了山东省财政支持的直接产出和发展质量，也反映出财政支持措施的不足和亟待优化的方向。

1. 城镇化整体水平不高，大城市不强、小城镇偏弱

首先，纵向比较山东省近年来自身的城镇化发展水平，确实取得了较快的发展，但与全国及先进省份比较而言，2013 年山东省城镇化率与全国 53.73% 的平均水平基本持平，处于全国中等水平，但与先进省份仍有差距，城镇化率远低于浙江、江苏等省份。按户籍计算的城镇化率只有41.1%，远低于世界银行统计的中等收入国家平均 8.5% 的水平。其次，存在大城市不强、小城镇偏弱的现象。城市群数量不足与质量不高并存，特别是济南、青岛两大中心城市首位度不高，综合实力和辐射带动能力不够强。2012 年两市的生产总值之和比广州低 1369 亿元，两市地方财政收入之和比苏州低 209 亿元。小城镇数量多、规模小，功能有待提升。山东省进入全国千强的 95 个镇，平均财政收入为 1.37 亿元，比全国千强镇平均水平低 1 亿多元。

2. 城镇化区域发展不平衡

城乡基础础设和公共服务水平差距还比较明显，80% 以上的新增基础设施集中在城市和县城，农村商业服务、文化娱乐、医疗卫生设施比较缺乏。东西部城镇化水平差距较大，2010 年山东省东部、中部和西部城镇化率分别为 55.3%、51.7% 和 39.1%，西部地区与东部地区相差 16.2 个百分点。2011 年全省城镇化水平较高的前 5 个市主要分布在东部和中部地区，分别是青岛 66.6%、济南 65.1%、淄博 64%、东营 61%、威海58.5%，而西部地区四市城镇化率分别为德州 45%、滨州 48%、聊城37.5%、菏泽 37.5%，聊城和菏泽两市的城镇化率比青岛低 29.1 个百分点，西部地区明显落后于东部地区。从东西部地区城镇化发展基础和条件来看，2011 年菏泽市 GDP 总量 1475 亿元，而青岛市为 6615 亿元；菏泽市一般预算收入为 111.5 亿元，而青岛市为 566 亿元；两市在常住人口数量上相差无几。通过比较，能看出来西部地区经济总量低，而农村人口比重较大，地方财力有限，导致西部地区城镇化发展压力明显大于东部。

3. 城乡统筹力度偏低，城乡医保社保差距大

随着新农村建设步伐的加快，山东省农村基本公共服务状况有了很大改观，但是城乡之间的差距难以在短期内弥补，城乡统筹力度有待加强。一方面，城乡公共卫生和医疗保障任务艰巨。近年来，山东省卫生支出增长较快，但由于补偿机制不健全，财政补助占医疗机构总支出的比重偏低，而县乡受财力限制，卫生事业费占财政支出的比重普遍低于原卫生部规定的 8% 的要求。另一方面，城乡社会保障能力和水平较低。虽然近年来城乡社会保障体系建设有了长足的进步，但农村养老保障的社会互济性及保障能力还较弱，目前农村基本养老保险仍处于各县市独立试点阶段，各地自行出台的政策差异很大，不仅覆盖面较窄，而且补助标准取决于各地的财力水平，西部一些欠发达地区的保障标准与政策目标相比还有很大的差距。

4. 新型城镇化发展受资金要素制约严重

分税制改革较好地理顺了中央和地方政府之间的分配关系，而省以下财政体制未统一和规范，财力与事权划分不清晰。基层政府在事权逐步下移，财力不断上移的情况下，除了肩负地方经济发展职能之外，还要担负地方社会管理和公共服务的提供，财政收支矛盾尖锐，很难再挤出资金搞城镇建设。同时，现行的城建融资模式还较为单一，BOT、发行市政债券等投资方式还未得到广泛的采用，城镇化建设融资压力巨大，再加上经营性城市基础设施大多已经出让，而城乡环境综合整治和城市基础设施建设的资金需求有增无减，缺口将越来越大。今后一个时期，城建资金需求的旺盛与投融资平台发育不健全的矛盾将日趋尖锐，资金问题仍是制约城镇化发展的瓶颈。

5. 城镇化发展方式粗放，体制机制弊端亟待破除

一方面，城镇用地集约度不高，一些城市形成"摊大饼"式空间扩张。交通、市政等基础设施支撑能力不强，"重地上轻地下"问题比较普遍，大城市交通拥堵比较严重，防洪抗灾能力弱。多数城市建设特色不鲜明，文化品位不够高。教育、医疗、文化、养老等服务设施数量偏少、标准偏低。另一方面，有些地区就业制度、社会保障制度、户籍制度等方面的改革依然滞后。受政府支付能力的制约和现行保障政策的限制，不仅对城乡居民无法实行标准统一的社会保障，而且对城镇居民的保障大多仍按原非农业人口划分保障范围，导致农民市民化进程缓慢。尤其是山东省的城镇人口中，包括较大比例的暂住人口和流动人口，其中大多数户口仍在农村，他们虽然在统计上已被划为城镇人口，但因户籍限制并没有享受到与城镇市民同等的教育、住房、社会保障等权利，这些问题已成为制约新型城镇化健康发展的瓶颈。

第4章　新型城镇化建设的
财政支持模式设计

前述分析发现，现阶段我国财政支持新型城镇化建设过程中，仍存在整体发展水平偏低、区域发展不平衡、城乡差距较大等问题，其主要原因在于财政支持投入与新型城镇化需求之间的巨大差距，导致资源要素配置上难以满足各地区的发展要求。可见，以往过于依赖财政资金投入或者税收等政策扶持的财政支持模式已无法满足新型城镇化建设的要求。因此，本部分在现有财政投入基础上，扩大新型城镇化建设投入来源和投入主体，通过财政政策的引导作用吸引社会资金的加入，构建多主体参与联动的财政支持模式，形成直接产出与带动效应间的联动作用，从而有效提升区域新型城镇化水平。

4.1　新型城镇化建设对公共财政的需求分析

新型城镇化既然是一个城乡统筹、工农结合的发展过程，必然带来城镇经济的兴起、农村禀赋资源的提升和社会资源要素的重新配置，从而形成新的经济增长点，并衍生出新的公共产品和服务需求。而公共财政具有公共性特点以及推动经济发展，保障公共设施、社会服务、医疗就业等职能定位，这与新型城镇化的需求特点相契合，能够有效推动新型城镇化的建设。

4.1.1　新型城镇化建设的资金需求特点

新型城镇化建设领域及发展理念已远远超过了传统城镇化的范围，因此其重要领域的资金需求也区别于传统城镇化的要求，显示出一些新的特点和趋势，主要体现在资金投入范围、资金需求规模、资金需求时限等多方面。

第一，资金的需求领域范围有所扩大。以往传统城镇化主要集中在产业链的起点和价值链的低端，以能源消耗和劳动力密集发展方式为主，对资金需求的范围也相对比较简单，主要是传统产业、城镇建设等资金需求。而新型城镇化建设突出人文理念、生态理念和经济理念紧密结合的特点，必然要求资金支持范围从传统城镇化建设扩大到城镇公共设施建设、农村经济发展、社会保障体系建设、就业保障、产业结构调整以及生态环境保护建设等各个环节，实现城乡统筹及经济、社会、环境的协调发展。以农业产业化资金需求领域扩大为例，一方面，城镇化促使农业开发更加注重提高土地集约经营和资源使用效率，强化了农业规模化、产业化和综合化开发的发展趋势，促使农业内部生产结构向高价值的农产品门类发展，并推动农业机械化程度和农业生产力不断提高，因此，农业投资的层次提高、整体投资周期延长，农业生产设施和农业建设项目的资金需求规模增加。另一方面，随着农业产业化和农业现代化发展，农业产业链条不断延伸，农业生产、加工、流通、贸易等环节增多，也导致农业产业经济的资金需求增加。因此财政支持手段必须多样化，服务必须综合化，将支持范围进一步拓展到新型城镇化建设的各个领域。

第二，资金需求的规模急剧增加。规模带动效应推动硬件配套完善和公共服务体系构建，基础建设资金需求规模增加。根据实践和测算，每转移一个农村人口所需要的城市建设费用约6万元，那么仅仅是解决目前已经转移就业的2亿农村户籍的城镇人口所需的硬件环境，就至少要投入12万亿元建设资金。此外，根据中国科学院城市报告，在城市基础设施完备的前提下，每转变一个农民成为城市居民平均需支付2.5万元生活成本，那么转移2亿农民成为市民需要5万亿元资金。再考虑人口的自然增长和城镇化率的动态推进，我国城镇化基础建设的资金需求将不断加大。同时，2014年我国财政部测算预计2020年城镇化率达到60%的目标，由此带来的投资需求约为42万亿元。离2020年只剩6年时间，平均每年投资约为7万亿元，假定每个城镇化建设项目资本金按30%的最低标准计算，

70%须通过市场融资来完成。这样除每年地方政府将投入 2 万亿元左右作为项目资本金用于城镇化建设，剩下的 5 万亿元资金均将通过市场融资来实现每年 5 万亿元的资金，完全依靠政府发债在目前是不现实的。由此可见，包括山东省在内的我国各省市新型城镇化建设均将面临严峻的资金需求缺口，原有城镇化建设主要依赖财政、土地的投融资体制弊端已显现，难以持续，亟须建立财政引导下规范、透明的财政、金融、市场、企业等多元联动支持模式。

第三，融资主体和金融服务需求多元化。新型城镇化发展在推动农业产业化的同时，也增强了农村工业化发展的趋势，并带动相关服务业不断成长，形成产业集聚辐射效应，更多新的产业、新的企业形成并发展，集农产品生产、加工、销售于一体的综合性企业也逐渐增多，从而使城镇的产业门类和经济主体更趋丰富，融资需求的主体日益多元化。同时，财富积累效应带动城镇及农村居民生活消费水平提高，金融服务需求多样化。大量农村劳动力从传统农业向第二、三产业转移后，其收入水平和消费能力大幅提高，不但在住房、教育、卫生、耐用工业品消费甚至创业资金等方面的信贷资金需求增加，而且对金融服务的需求也从传统的存贷款、汇兑业务向投资理财、信用卡、保管箱、金融咨询、证券保险、信托、租赁、有价证券买卖等更广泛的领域拓展。

第四，资金需求的系统性和持续性增强。新型城镇化建设是一项系统工程，不仅要兼顾大中小城市及各级乡镇农村，更涉及生活于此的城市居民、农民甚至还涉及境外居民；不仅局限于农业生产和各类企业，更离不开科研院所、政府部门和非政府组织，因此资金流、信息流的跨度极大。而且由于新型城镇化建设的规模和范围急剧扩大，涉及经济、社会、环境等国计民生的方方面面，建设项目和资金需求不断更新，资金运动更加频繁，再加上新型城镇化建设的参与主体不断增加，对资金需求的系统性要求不断增强。此外，新型城镇化建设显然不是一蹴而就的事，而是一个相当长的艰苦奋斗、努力建设的过程。比如，城乡居民社会保障、粮食安全问题等是一系列长期的问题；农民就业、农民增收同样需要长期的过程来解决；另外，生态农业、可持续农业的发展更是一个长期的过程。因此，对于新型城镇化来说，对于资金的持续性需求将是一个显著的特点。

4.1.2 公共财政的性质契合新型城镇化建设要求

新型城镇化作为一个系统工程，既包括道路、房屋等硬件设施的建设，又包括户籍、福利等众多制度建设。而财政制度作为众多制度之一，是城镇化建设的重要组成部分，不同的城镇化道路需要有不同的财政制度与之相匹配。苏联的城镇化建设是以政府为主导的，与之相对应的是高度集中的计划经济财政体制；而英国实行的是以市场为主导的城镇化，其实行的是相对分权的联邦财政制度。因此，建立与我国城镇化道路相适应的公共财政制度，是新型城镇化建设不断推进和改革的必然路径。

从生产方式来说，不同的生产方式决定了公共服务的供给形式和程度的不同，城镇化的不同发展阶段，也要求财政进行相应的定位，实现二者相适应。城镇化的动力机制有市场和政府两种，在城镇化初期，我国实行的是计划经济，相应地实行的是高度集中的统收统支的财政体制，城镇化主要靠政府通过工业化项目安排、政府所在地的行政指向和相应制度安排来推动，这有效推动了我国城镇化的起步。这一时期的财政收支活动范围主要是国有部门、城市区域，并且主要围绕生产建设事项而进行。随着改革开放的推进，市场经济逐步建立，其机制的作用力越来越强大，高度集中的财政体制已成为城镇化的障碍，故而我国实行财政体制改革，逐步走向分权，其职能也慢慢退出竞争性领域。当前，我国新型城镇化建设进入快速发展阶段，城镇化对公共服务的需求愈来愈强烈，客观上要求建立与之相适应的公共财政体制，由以往政府高度集中管理向政府引导、多主体参与转换，以满足其公共服务需要。

公共财政是国家为满足一定的社会公共需要，凭借政权的力量，强制支配一部分社会财富，向社会提供公共产品和服务的经济关系。公共性是公共财政的最基本特点，它规定了公共财政必须以满足社会公共需要为主要目标，以提供公共产品和服务作为满足公共需要为基本方式。而新型城镇化建设中产生大量公共产品和公共服务需求，这些需求在客观体现了建设公共财政的必要，同时公共财政不仅满足城镇化进程中的公共服务需求，引导和带动金融、市场等其他主体的参与，还能够促进基本公共服务均等化，践行中国特色新型城镇化道路大中小城镇协调发展，城乡一体化发展的内涵。因此，公共财政的特征契合了新型城镇化建设的内涵，新型城镇化建设必然要求建立与之适应的公共财政体制。

4.2　财政支持联动模式的目标原则与推动主体

山东省新型城镇化建设的财政支持联动模式是由政府、企业、民众、金融机构多元主体联动的财政支持模式，目的在于改变单纯依赖财政投入和拉动的新型城镇化建设现状，形成财政引导规划下多主体共同参与的支持模式。因此，其设计目标、原则及推动主体的作用均具有新型城镇化的特殊内涵。

4.2.1　设计目标及原则

根据上述分析，完全依赖财政投入或者政府发债已不可能满足新型城镇化建设的资金需求，必须从参与主体、运行方式、动力机制等多维度创新现有公共财政体制，改变以往政府集中式的管理模式，适应市场经济的要求，建立政府引导为主，市场、企业、金融机构联动的财政支持模式。该多主体联动的财政支持模式是指公共财政对新型城镇化建设不仅具有资金支持作用，并且对企业、民众、金融机构及其他机构具有引导和带动作用，将单纯依赖政府支持变革为中央政府、地方政府、企业、民众、金融等的多元资金支持，最终推进和实现新型城镇化建设的联动支持模式。在这一过程中，企业、金融机构的目标是提升其核心竞争力，而地方政府为新型城镇化建设提供财政投入、各类政策及税收优惠等的支持和引导，其最终目标是提升区域的新型城镇化水平，各类主体与地方政府的目标在根本上是一致的。

由于新型城镇化建设与传统城镇化相比具有本质上的差异性，因此根据新型城镇化建设的资金需求特点所构建的财政支持联动模式，其设计原则必然需要遵循新型城镇化的发展规律，符合新型城镇化的建设内涵。

（1）以人为本原则。在新型城镇化诸要素中，人是城市的主体。城市的基本功能、城镇化发展的最终目的，是要为城镇居民营造舒适的生产生活环境，全面提高居民的生活质量，满足居民不断增长的物质和文化需要。因此财政支持新型城镇化的规则和设计、新型城镇化的建设和发展、经营和管理等各个层面、一切推进城镇化的活动，都必须坚持以人为本的原则。以人为出发点和归宿点，突出人的价值观、道德观和发展观，使城市真正体现人与人、人与政府、人与建筑、人与环境的和谐统一，使人民群众全身心投入新型城镇化建设，新型城镇化的发展就会充满生机和活力。

（2）协调发展原则。国内外城镇化建设的经验教训表明，要顺利推进城镇化进程，必须坚持协调发展，要兼顾各方面的利益。就山东省目前的城镇化现状及发展趋势而言，新型城镇化的发展必须坚持城镇化与新型工业化、信息化、农业现代化协调发展，优化城市的产业结构，为城镇化发展提供强力产业支撑；坚持人口、资源和环境协调发展原则，实现人与自然和谐发展；坚持统筹城乡经济社会协调发展，促进城乡经济一体化；坚持大中小城市与小城镇协调发展，完善城镇体系，实现城镇功能互补；坚持区域协调发展原则，实现各地区区位优势、经济优势、科技优势、人才优势互补，共同推进新型城镇化进程。

（3）政府引导、市场运作原则。城镇化的发展离不开政府和市场的共同作用。必须充分认识政府和市场在城镇化进程中的不同作用，合理界定政府职能，建立以市场推动为基础、政府引导为补充的城镇化推动机制。一方面，要发挥市场在城镇化建设中的基础性作用。市场是城镇化发展的内在动力，在资源配置中起着基础性作用，而良好的市场环境，顺畅的市场传达机制是其发挥基石性作用的前提。因此，在城镇化进程中，山东省各级政府应营造良好的市场环境、规范市场秩序，完善市场主体；加快推进生产要素市场化进程，培育城乡一体化要素流动市场；放宽市场准入，实现城镇化建设投资主体多元化、投资机制市场化，实现人口、资源、资金、技术等要素的合理流动和优化配置。另一方面，城镇化建设中要发挥政府的引导和调控作用，弥补市场失灵。市场不是万能的，会产生市场失灵，这就需要政府加以引导和补充。政府在城市规划制定、基础设施建设、公共服务提供、环境保护和社会保障等方面具有不可替代的作用。因此，在城镇化进程中，要发挥政府的引导、调控作用，用规划、财税、行政等手段来弥补市场机制的不足，发挥公共投资、公共服务、公共管理等方面的职能作用，促进新型城镇化的健康发展。

（4）因地制宜、规划先导的原则。规划是财政支持新型城镇化发展的基石，是建立布局合理、功能完善的城镇体系的关键。城镇建设中，做好规划就是最大的节约、最大的效益。没有科学规划的城镇建设，很容易导致资源浪费、重复建设、环境污染和贪大求洋等现象，严重阻碍新型城镇化的健康发展。而山东省新型城镇化建设中，政府对规划的重要性认识还存在不足，给城镇化带来一系列问题。因此，为了促进城镇化健康发展，必须做好规划工作。省政府部门可从当地经济社会发展水平、区位特点、人口、技术、产业和资源等实际条件出发，制定城镇发展规划，做到因地制宜，不搞"一刀切"，一种模式、一个标准。城乡规划要注重保护城镇历史文化资源，结合地区特有优势，塑造独特风格，突出城镇特色；要处理好眼前利益和长远利益，提高规划的科学性和前瞻性；完善城乡规划体制，改进城乡规划配套设施，增强规划的权威性和强制性，提高其执行力。

（5）效率与公平兼顾原则。公平和效率是市场经济的两大基本原则，它们相互统一、相互促进。片面地强调公平或效率都会引致二者的失衡，对经济社会发展产生消极影响。现阶段的新型城镇化，不能用损害农民利益的办法来推进，必须坚持效率与公平兼顾的原则，不能顾此失彼。目前，现代企业制度和社会保障制度是维护这两大原则的核心制度，也是市场经济体制的两大核心制度。这两大制度共同构成了一个保障经济社会持续快速健康发展的制度平台，缺一不可。目前，山东省城镇现代企业制度和社会保障制度的基本框架已经初步建立。但农村除社会救济和传统的土地保障外，体现公平原则的农村社会保障制度则基本没有建立起来，这在一定程度上阻碍了山东省新型城镇化进程。在多主体的财政支持联动模式中必须吸取教训，坚持效益与公平兼顾的原则，实现城乡统筹发展。

4.2.2　财政支持联动模式的推动主体

中国的城镇化存在两种截然不同的发展模式：一种是计划经济条件下，政府发动和包办型的"自上而下"的城镇化；另一种则是市场导向改革进程中新出现的由民间力量或社区组织发动并得到政府认可和支持的"自下而上"的城镇化。"自上而下"的城镇化发展模式，其启动主体主要是中央政府以及各级地方政府，政府在工业化以及社会发展等目标的约束下，单方面启动和推进城镇化。而新型城镇化建设的财政支持联动模式采取的是"自上而下"和"自下而上"有机结合、在财政支持引导下以"自下而上"推进为主的模式。因此，新型城镇化的参与主体既包括各级政府，还将囊括众多的企业、居民和金融机构。政府主要发挥引导、协调和支持的作用，而企业、个人和金融机构则主要承担新型城镇化的建设投资和产业发展。

1. 政府部门

在该类推动主体中，政府部门可分为中央政府和地方政府，二者在新型城镇化建设的财政支持联动模式中具有不同的作用。

（1）中央政府。在"自上而下"的新型城镇化财政支持模式中，中央政府的角色和功能可用"强制性的完全政府替代"来概括，即中央政府通过强行扭曲市场价格信号和信息渠道等措施，并以指令性计划、政策法规等行政、法律手段取代市场、企业等民间力量来安排与控制城市发展。随着我国市场经济体制的逐步发展，"自上而下"的城镇化制度安排转变为国家宏观调控下的"自下而上"的城镇化制度安排，大大促进了城镇化的进程，"自下而上"新型城镇化模式主要由农村或城镇经济利益主体在响应产业非农业化获利机会时自发倡导、组织促进的，表现为自发性、需求诱致性。在整个进程中，中央政府通过宏观调控，制定相关法律、法规、政策，消除制度障碍，维护社会稳定等形式保证各主体联动支持的新型城镇化顺利前进，并对其进行相应的规划引导等。同时，中央政府还注重强化与推广意识形态、价值观念、伦理规范等非正式约束，充分发挥其对城镇化发展的促进作用。这样，中央政府在借助行政、经济、法律手段推进城镇化时，既能保证自身权威，又能兼顾公众意愿，使新型城镇化健康协调发展。

（2）地方政府。在中国的政治体制下，各级地方政府对当地经济社会发展和城镇建设起着核心决策的作用，构成了中国特色的地方政府推动型的城镇化类型。各级地方政府在城镇化进程中的具体作用可归纳为：协调与外部（上下级、其他企业单位）的关系；调用本地财力；提供土地、税收及各种优惠政策；依本地状况执行上级政策。同样，地方政府在某些情况下也会产生负面影响。如常受地方利益的制约，使企业不能打破地方界限以集中布局；强调本地企业局部利益忽视区际分工，重复建设以及在政企合一时对企业干预过多等等。新型城镇化的发展在注重发挥地方政府的推动作用的同时，不断加强中央政府的宏观调控，克服地方政府在城镇化进程中的缺陷和消极影响，使得中央政府和地方政府在新型城镇化发展模式中，各就其位，共同推进新型城镇化的发展。

2. 企业

生产规模的扩大可以给企业带来内部集聚效益，而生产向城镇的集中则可以使企业得到外部集聚效益。外部集聚效益可以解释为，企业能够方便地获取原材料、能源、水等要素及利用电信、码头、机场、铁路、公路等设施，这将最大限度地减少企业投资，降低企业成本。同时，城镇提供的技术、信息、人力资源、市场等条件，将更加有利于企业产品结构的升级换代，进一步增强企业的核心竞争力。企业对外部集聚效益的不懈追求，将构成促进城镇化发展的基本动力。在计划经济体制下，国有企业是政府的附属物，无经营自主权，企业的成本约束、利润约束弱化，对内、外部集聚效益极不敏感，难以形成促进城镇化发展的自发力量。随着改革开放的扩大和深入，外资企业带来了市场机制下的经营模式，国有企业也开始逐步扩大经营自主权，而乡镇企业的发展更加迅猛，企业投资在推动中国城镇化中的作用明显加强。国内外企业在区位条件和当地经济社会基础较好的城镇的开发区、工业小区布点、设厂，带动了人口、资金、生产资料向中心城镇集聚，进一步促进了城镇建设和发展，加快了城镇化进程。由此可见，随着企业制度的进一步改革，国有企业在工业化和城镇化过程中的作用会进一步加强，乡镇、民营企业和外来资本对城镇进一步发展的影响也会越来越显著，企业将成为推动新型城镇化发展的重要主体。

3. 民众

按照发展经济学的观点，广大的农民从农业生产向着非农产业转移，同时伴随着生产、居住环境的改变，城市、城镇逐步兴起就是对城镇化的最简单概述。农民由农村向城镇聚集是城镇化的最核心内容。在市场经济中，个人作为企业和住宅的投资者，历来在城镇化过程中扮演着重要角色。因此，在"自下而上"的城镇化过程中，民众将是另一个重要的推动主体。大量农民向城镇转移的过程，又可以分为组织化转移和非组织化转移两类。一方面，在中央政府的统一规划和部署下，地方政府通过具体制定和实施相应的城镇化发展政策，引导农民有序转移。农民群众在政策的引导和作用下，最终完成城镇化发展。例如，随着土地制度的改革及由此产生的房地产市场，大量非集镇人口取得集镇上的居住权，形成了新的城镇人口集聚机制，迅速推动了城镇化的发展。另一方面，伴随外出务工农民的不断增加、乡镇企业以及具有一定规模和特色的商品交易中心的不断发展，农民向城镇的非组织化转移速度也将进一步加快。例如，浙江省的温州地区，许多农民通过利用当地资源，进行小规模个体生产，或从劳动力外流中获得信息，形成具有一定规模和特色的商品交易，最终带动地方经济和城镇发展。因此，新型城镇化财政支持联动模式的推动主体不仅包括各级政府，更包括企业和居民，民众是推动新型城镇化发展的又一个重要主体。

4. 金融机构

城镇化需要大量的资金支持。金融部门和政府部门是城镇化的主要资金来源，这些资金通过支持城镇基础设施和公共服务体系建设、产业结构调整和升级、企业发展、居民生产经营和生活等，影响新型城镇化进程。而在单纯依赖政府支持难以满足新型城镇化资金需求的情况下，金融系统作为引导其他要素禀赋转变及资源配置调整的先导要素，应当先于城镇化进程完成其制度与结构的变迁，以发挥供给先导作用，增强金融支持力度，与公共财政形成联动支持效应。因此，金融机构如何适应新时期城镇化建设的新要求，加大对新型城镇化建设的支持力度，助推经济转型和平稳发展，是必须优先思考和解决的重大问题。

在我国金融机构对新型城镇化建设的支持可分为两类主体：一类是包含我国四大行、股份制银行在内的商业银行、金融中介、农村合作社、信贷公司等商业金融机构；另一类是以国家开发银行为资金供给主体具有国家信用的开发性金融机构。已有研究认为金融发展与城镇化进程之间具有一种互动机制[①]，前者商业银行等商业金融机构的发展是影响城镇化率的重要因素，保费收入、存款余额、贷款余额[②]以及金融机构的现金收入的增加都促进了城镇化率的提高。而后者开发性金融则是在全面推进新型城镇化进程中，我国政府提出建立基本公共服务均等化目标，加强政策性金融对"三农"支持力度的背景下应运而生的。在这种情形下，开发性金融在改善民生、支持农业及新型城镇化建设方面具有不可替代的作用。我国快速的城镇化建设引发了基础设施建设等巨大的资金需求，这些领域的巨额建设资金需求，传统财政融资的力量和作用有限，商业金融也不愿涉足，这是深层次的信用和市场落后、制度缺损的突出表现。作为政策性的金融机构，以国家开发银行为主的开发性金融由政府出资设立，在特定的业务领域从事投融资活动，专门为贯彻政府经济政策目标，为社会经济发展服务。国家开发银行与其他商业性金融机构进行互补与合作，在突破城镇化发展资金瓶颈、增加城乡居民收入、提升基本公共服务水平、推动新型城镇化建设方面发挥巨大的支持作用。

4.3　财政支持联动模式的实现方式与动力机制

财政支持联动模式旨在摆脱单纯依靠财政支持的传统模式，形成以政府财政为引导，整个社会多主体积极参与，发挥多元化支持作用，从而推

---

① 郑长德. 中国的金融中介发展与城镇化关系的实证研究 [J]. 广东社会科学, 2007 (7)：12 – 18.

② 黄勇，谢朝华. 城镇化建设中的金融支持效应分析 [J]. 理论探索, 2008 (3)：91 – 93.

动山东省新型城镇化建设。因此，以下将围绕模式推动主体设计财政支持联动模式的实现方式和动力机制。

4.3.1 财政支持联动模式的实现方式

山东省新型城镇化建设的财政支持模式在山东省各级政府、企业、民众、金融机构各主体及其相互之间存在带动效应和联动效应，联动效应会进一步提升区域新型城镇化的财政支持效果。地方财政与其他主体间的联动模式的实现方式如图 4.1 所示。

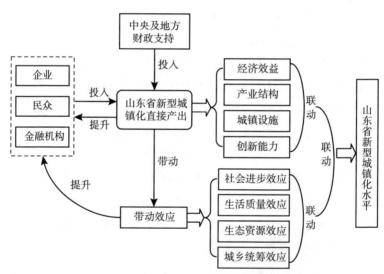

图 4.1　新型城镇化建设财政支持联动模式的实现方式

在图 4.1 中，来自中央财政以及山东省各级财政对新型城镇化建设的支持能够带动和推进山东省新型城镇化直接产出的形成与积累，直接产出效益具有巨大的带动效应，不仅能够促进和提升企业、民众和金融机构的发展，而且能够更进一步带动这些主体对新型城镇化建设的资金投入。直接产出的构成要素之间因财政投入存在着联动效应，新型城镇化建设直接产出的各种带动效应之间存在着联动效应，直接产出与带动效应之间也存在联动效应，各种联动效应最终都是为了提升山东省整体的新型城镇化发展水平，各种联动效应组合在一起，就构成了山东省新型城镇化建设财政支持的理想联动模式。理想的联动模式，即各级财政投入及企业、民众、金融机构等参与主体与新型城镇化建设产出及其效应之间具有较强的相关性，新型城镇化直接产出与带动效应之间也存在较强的相关性，各要素之间的联动关系紧密，能够形成螺旋式的促进效应，提升地区的新型城镇化水平，实现地方的经济增长与社会进步。

4.3.2　财政支持联动模式的动力机制

财政支持新型城镇化建设的动力，是指公共财政对新型城镇化的发生和发展起推动和拉动作用的力量。动力机制是指促进这些力量生成与强化，并使之在新型城镇化中持续、有序地发挥作用的方式。动力机制是以既定资源为约束，资源配置方式为条件，各种制度为保障的综合系统。本书所构建的财政支持联动模式的动力机制是以政府引导、市场驱动、政策促进和制度保障为主导动力，技术创新和制度创新为动力引擎，共同对山东省新型城镇化建设产生推动作用。

1. 动力引擎：技术创新与制度创新

技术创新和制度创新是山东省财政支持新型城镇化动力系统的内生机制。其一，技术创新是财政支持新型城镇化发展的关键原动力。技术创新对新型城镇化具有正向促进效应，无论是对产业聚集与产业结构的演进还是财政投入产出的经济社会效益，技术创新均能发挥巨大作用。但是，技术创新对山东省城市经济增长的促进作用并不非常明显，技术及其推广应用与北上广等先进省市相比还有一定差距。因此，需要加强技术创新体系的建设，完善科技成果转化市场和机制，实施人才创新工程。其二，制度创新是保障和实现山东省财政支持新型城镇化建设的核心动力。山东省各地区的经济运行，从生产到消费的各个环节都相对仍待提升，在许多范围内仍处于显性市场而隐性计划的运行方式。不仅是财政及其绩效评价制度，而且产业制度、社保制度、土地制度、就业制度、教育制度等均亟待制度创新，建立与山东省地域发展本质特征相融合的具有创新精神的政府职能制度。

2. 主导动力之一：政府引导机制

城市发展的一些领域处于被现代经济学认定的"市场失灵"的边界之内，市场"看不见的手"并非总是有效地提供市政基础设施等"公共产品"。因此，新型城镇化建设需要政府参与调节，提供必要的引导。对于市场机制不健全，尚处于经济转型中的山东省来说，尤为如此。政府引导机制在这里有两层含义：一是山东省的新型城镇化必须重视政府作用的发挥；二是改变政府作用的方式，即新型城镇化必须由政府制定总体规划，对新型城镇化的进程、城市人口的增长、城市的地区布局、城市规模的扩大等方面，实行必要的宏观调控，而不能放任自流、完全由市场调节。通过改革，逐步将政府职能从以行政手段为主管理城镇，转变为在坚持必要行政手段的同时更好地采用经济和法律手段管理城镇。这样，既让市场机制力量推动新型城镇化，又能保证新型城镇化稳步健康发展。

当然新型城镇化进程又有自身的演进规律，一个国家或地区的城市规模、城市结构、城镇功能的形成，都是当地经济、社会乃至政治和文化长期发展的结果，同时还受到地理区位、资源禀赋的约束，因此政府在制定城市发展规划过程中，必须充分考虑到市场因素，充分尊重本地居民和企业意见，充分吸收他们参与规划的制定和讨论，共同推动山东省新型城镇化进程的发展。

3. 主导动力之二：市场驱动机制

从内在本质上看，新型城镇化是随着工业化和经济发展，生产要素在城乡区域间重新配置的过程。如果新型城镇化和工业化、经济发展相适应，那么城乡间生产要素的配置就是合理的，反之就是不合理的。在市场经济体制逐步完善的情况下，市场、价格、竞争等是资源配置的最基本手段，人们的经济活动主要由市场或利益机制来引导和调节。新型城镇化应该由农民根据其迁移成本与迁移收益的比较来进行，因为不同规模、不同类型的城市有着不同的迁入成本和迁入收益，农民是否愿意或是否能够迁入城市、迁入什么类型的城市，市场利益与竞争机制会给出一个合理的答案。一般来说，只要个人的迁移收益大于迁移成本，流入这个城市的人口和劳动力自然就会增加，城市的规模也会随之扩张；反之，如果包括城市生活费用在内的各项迁移成本（如消费品、住房与服务的价格）过高、城市工作的预期收益（如劳动收入、生活环境）却不高，则较低的迁移净收益必然会对进城民工起着直接的制约作用。而在市场经济条件下，追求更高收益是生产要素所有者的内在本能，市场机制的作用能使城镇化和工业化、经济发展相适应。

目前在我国社会主义市场经济体制已基本确立的背景下，市场已在山东省新型城镇化资源配置中发挥了基础作用，尽管对于公共财政支持和引导下的资源配置效率还有待提高，但劳动力（人口）、技术、资本按照比较利益的原则流向了获利最大的部门和地区，从而形成新型城镇化建设财政支持联动模式的基本动力。

4. 主导动力之三：政策促进机制

政策是政府重要的调控手段，政策取向不仅影响山东省新型城镇化进程，而且也决定新型城镇化发展的速度和特点。在市场经济体制下，政策促进机制是推动山东省财政支持新型城镇化发展的又一重要动力。通过政策促进来生成、催化与提升市场力量，促进新型城镇化发展。一方面，根据新型城镇化进程和发展要求，适时制定和出台一系列推进新型城镇化的政策，引导和保证新型城镇化沿着正确的方向健康稳定发展。另一方面通过政策消除那些阻碍市场机制作用、限制人口流动和资源要素集聚的障碍，促进新型城镇化的发展。新型城镇化道路的政策促进机制的关键就是要废除抑制城镇化的体制壁垒，例如传统的户籍制度、城乡分割的社会保障制度等，并通过制定和实施有效的财政支持、税收优化、奖励扶持等政策推动农业产业化、区域经济一体化和城乡一体化，影响城镇布局变化，促进城镇产业结构升级，提升城镇经济实力，增强城镇辐射能力，带动山东省新型城镇化发展。

5. 主导动力之四：制度保障机制

在各种影响财政支持新型城镇化进程的动力因素中，制度因素不仅直接反映在一个国家或地区新型城镇化发展的政策上，而且还会通过产业结构转换制度安排和经济要素流动制度安排及其他制度安排促进或延缓甚至阻碍新型城镇化的进程。换言之，不同的制度框架或制度安排组合对新型城镇化的作用各不相同。如果缺乏有效率的制度，或是提供不利于生产要素重新聚集的制度安排，即使发生了结构转换和要素流动亦并不必然导致新型城镇化的正常发展。

山东省新型城镇化建设的财政支持联动模式的推进是以有效率的制度安排来保障的，主要体现在以下几个方面：①通过有效率的推进农业发展的制度安排，促进农业生产效率和农业产出水平的提高，使得农业部门在维持本部门再生产的同时产生农业剩余（产品剩余、资本剩余和要素剩余），为非农产业和新型城镇化的健康发展提供推力；②通过有效率的推进工业及其他非农产业发展的制度安排，促进国民经济的工业化和非农化，从而为吸收农村剩余人口创造必要的拉力；③通过有效率的经济要素流动制度安排，使农业部门的要素流出推力（在开放经济中，还包括外地过剩要素进入的制度安排）和非农业部门的要素流入拉力形成结合与集聚的合力；④通过有效率的推进城市建设的制度安排，促进城市基础设施和城市房地产的开发，以满足城市非农产业和人口集聚的现实需要和不断增长的需要。

第5章 新型城镇化建设财政
支持模式的评价体系

本部分将从系统科学视角，对所构建的山东省新型城镇化建设财政支持联动模式的构成要素进行深入分析，揭示财政支出联动模式要素间的作用机理，并以此为基础以"投入—过程—产出—效益"为导向形成财政支持联动模式的绩效评价理论体系。采用专家筛选、隶属度、相关分析等方法对评价要素进行多阶段实证甄选，建立以评价指标筛选、权重确定、指数计算为基础的新型城镇化建设财政支持联动模式评价模型。模型分析与应用实践表明，基于全过程的财政绩效评价能够系统客观地反映山东省新型城镇化建设财政支持联动模式的运营管理与产出效果，而要素体系中基础产出与发展质量间的协调促进是影响山东省新型城镇化建设财政支持绩效的关键因素。

5.1 财政支持联动模式的要素作用机理

公共财政是政府优化和完善新型城镇化公共资源配置的主要手段，是破解二元结构，实现城乡一体与现代化过程的重要支持后盾。在新型城镇化模式下，公共财政对于新型城镇化发展应当是支持而不是取代市场，因此如何平衡财政支持引导与社会参与程度是提高财政支持新型城镇化发展绩效产出的关键。根据系统科学理论的观点，任何系统只要存在输入就必然会产生相应的运行结果和系统输出。但由输入、输出构成的开环系统是不稳定的，系统的有序发展还必须形成闭环控制系统，使任何环节的输入都能够受到输出的反馈作用。财政支持新型城镇化建设作为一种特定的系统，其作用机制必然遵循上述普遍规律。

财政支持评价实质上即是一种系统反馈回路，是对评价对象投入后的输出结果进行判断评价并反馈作用于下一阶段的财政支持行为，即系统输入。因而发源于私营部门的绩效评价作为一种连接事前、事中与事后的关键有效的定量化决策工具，在世界各国政府部门中得到了广泛应用。新型城镇化建设财政支持评价就是对新型城镇化建设公共财政支持的战略目标与产出结果、绩效水平进行对比并将评价结论反馈应用到下一步的财政支持结构优化和政策措施制定。根据公共财政理论及城镇系统理论，政府投入推动新型城镇化建设的核心绩效目标在于优化资源配置、提升发展效率、公共服务均等、城乡统筹发展等方面。评价新型城镇化建设的财政支持绩效，根本上就是围绕绩效目标选择科学的评价指标来判断评价对象在上述方面的管理运行质量和产出结果。综合前述及国内外相关研究成果并结合我国实际，新型城镇化建设的财政支持联动模式评价指标可概括为目标决策、支出分配、运行管理、基础产出、发展质量等维度，评价指标间作用关系与系统科学理论的"输入—转换—输出—反馈"原理相契合，形成财政支持新型城镇化建设作用机制的基本框架，如图 5.1 所示。

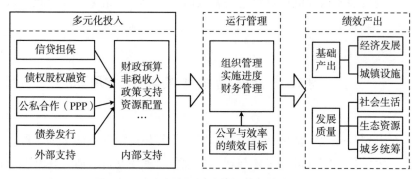

图 5.1　财政支持新型城镇化发展的作用机制

在图 5.1 中，依据系统科学的过程描述机理，财政支持新型城镇化发展的作用过程可分为以财政投入为主导的多元化投入、运行管理、绩效产出三个阶段。其中，投入阶段为运行管理和绩效产出提供资源保障机制；

运行管理阶段是对新型城镇化财政投入与产出的有效承接，提供支撑和运转机制；绩效产出阶段则是对投入运行目标的最终实现，包含直接和间接产出两部分，同时为修正和优化下一步财政支持决策提供反馈机制。

山东省新型城镇化建设财政支持联动模式的投入阶段是各地各级财政关注的重点，伴随着城镇化融资需求的急剧扩大，新型城镇化发展的财政资金短缺在很长时期内将是一种常态。公共财政要有效发挥新型城镇化建设的资金支持功能，必须拓宽筹资渠道，建立以财政引导为主，社会多方参与的多元化投融资机制就成为必然选择。借鉴国外发展经验，在现有财政支持体制下可建立银行信贷、融资担保、小额贷款公司、BOT 模式、股权、债权等多种资金合作的多元化融资结构。财政支持新型城镇化发展还应对财政支持资源进行有效的维护和管理，特别是设立财政考核机制保障政府规划和融资的透明度，避免以往建设超前管理滞后的情况。因此，在财政支持新型城镇化建设的运行管理阶段，应建立完善的项目组织结构、管理制度和财务制度并对此实施监督评价。财政支持新型城镇化建设的绩效产出阶段包括基础产出和发展质量两部分，其中基础产出从经济总量、产业结构、城镇设施等维度反映了财政支持对新型城镇化发展的直接经济影响，发展质量则从社会进步、生态环境、生活质量、城乡统筹等维度体现了财政支持新型城镇化的可持续发展理念。

5.2　评价指标体系的构建原则

财政支持是政府调控宏观经济的重要手段，财政支持新型城镇化建设的成效在很大的程度上依赖于财政运行是否健康、是否能持续发展，中央与地方之间的信息能否良性互通。因此，新型城镇化建设财政支持联动模式评价指标的选取直接关系到财政支持绩效评价结果的质量，为了有效实现对项目实施效果的评价，在评价指标的选取过程中要严格依据一定的原则。主要包括：

1. 相关性原则

相关性是指绩效评价的衡量指标应与项目的绩效目标及评价的目的有

直接的联系，确保指标体系真正起到评价项目的实施情况的作用。如果不符合相关性原则，绩效评价指标不仅不能起到支出效果的功能，还会误导支出的方向。指标的相关性可以在整个指标体系内，形成一种内部制约的关系，从制度上杜绝数据造假。

2. 可比性原则

可比性是指对具有相似目的项目选定共同的绩效评价指标体系，以保证绩效评价结果可以相互比较，不同项目之间的衡量结果可以相互比较。可比性原则十分重要，首先，不可能对每个项目都设计不同的衡量指标，这样既不经济也不具备可操作性，所以对于具有相似目的的项目进行归类，采用共性指标或相同的指标进行考核。其次，类似项目之间的比较可以提供较为完备的信息，对进一步完善指标体系的设计十分有利，而且还可以减少对信息的收集，起到节约成本的作用。最后，进行比较有助于分析项目支出没有达到预期目标的原因，帮助找到解决问题的办法。

3. 重要性原则

重要性是根据指标在整个体系的地位和作用进行筛选，选择最具有代表性、最能反映评价要求的绩效指标。由于成本约束，绩效评价指标的选取不宜过多，否则失去了绩效评价的意义。同时，还要考虑指标对项目实施评价所具有的重要程度，有些指标包含了其他指标的信息，在项目评价过程中起着关键作用，必须确保类似指标处于指标体系的核心位置。

4. 经济性原则

经济性是指绩效评价指标的选择要考虑现实条件的可操作性，绩效信息的获得应符合成本效益原则，在合理成本的基础上收集信息进行评价。对效率和效果的重视是绩效评价的根本，绩效指标的选取也不例外。由于技术和环境等因素使得一些重要指标搜集成本太高，就需要考虑一些效果一般但成本低廉的指标作为替代。经济性原则还要求指标在满足评价目标的前提下应尽量精简，减少指标之间的信息重复，选定的指标应承载尽可能大的信息量，从而降低指标信息收集的成本。

5. 科学性原则

科学性是指所选择的指标应概念准确、含义清晰，指标体系内各指标之间相互独立。科学性原则是指标体系在实施中有效发挥作用的基础，坚持概念的客观性，使不同的评价主体对同一概念有相同的理解或评价者和被评价者之间对指标的概念、含义有共同的认识，减少评价过程中的冲突，提高评价效率。指标体系内各指标的相对独立是为了保证指标体系对项目评估可以提供最大的信息量，也使得某个指标出现失误不致影响到其他指标的作用。

6. 稳定性原则

稳定性是指所选指标应具有一定的稳定性，能够在较长的时间内使用。稳定性有两重含义：一是所选指标不能随意变动，要给评价者和被评价者有一个稳定的预期，使得绩效评价的记录具有历史的连续性。这样，这些指标既有利于绩效评价的进行，也有利于过去、现在以及将来不同支出项目的比较鉴别；二是指所选择的指标应具有较大的一般性和适用性，不仅在现在可用，将来也可以用，这样就减少了不断变动指标的成本。

本书认为在上述六种原则的指导下设计出来的指标体系，可以兼顾项目的效果和效率，从而避免了单纯追求效果而忽视效率或单纯追求效率而不顾成果的现象。这六种原则互相制约，又各有侧重，构成了一个统一的整体，从而避免了顾此失彼的问题。

5.2　财政支持联动模式的评价指标体系

根据财政支持与新型城镇化建设间的作用机制与逻辑关系，本研究分别从目标决策、支出分配、运行管理、基础产出和发展质量五个维度理论遴选影响新型城镇化建设财政支持绩效的主要因素，着重突出山东省财政支持特征与新型城镇化发展特色。

5.2.1 要素体系的理论筛选

根据图 5.1 所示，围绕新型城镇化建设财政支出特征和绩效目标，该评价指标体系包含目标决策、支出分配、运行管理、基础产出和发展质量五个方面多类型的指标，具体指标的构建程序为：首先，在全过程绩效评价的格局背景下，选择能反映上述五方面系统绩效的宏观指标以及由宏观指标分解的具体指标；其次，运用规范研究方法，结合已有文献研究、专家座谈及管理者意见，重点筛选普遍使用的指标作为初始指标；最后，评价指标的整体设计遵循系统性、独立性、科学性和可比性原则，并充分考虑数据的可获得性对具体指标进行取舍。经过理论研究和多轮讨论，初步选取了 74 个评价指标构成第一阶段的评价指标体系 θ_1，该体系由评价目标层、子目标层、模块层、指标层四个层次组成。

1. 新型城镇化建设财政支持的目标决策

财政支持目标决策是对新型城镇化建设绩效目标和发展方向的基本界定，也是对比判断财政支持绩效水平和目标达成情况的基础和前提。目标决策作为系统的定型化输入，本研究从战略规划、目标内容、决策依据、决策程序四个方面来衡量新型城镇化建设财政支持的目标决策能力，由 A11 ~ A43 等 12 个评价指标组成，如表 5.1 所示。

表 5.1   **财政支持新型城镇化建设的目标决策指标**

子目标层	准则层	评价指标层	指标编号
目标决策（A）	战略规划（A1）	战略规划合理性	A11
		规划全面性	A12
		规划进度科学性	A13
	目标内容（A2）	目标设定合理性	A21
		目标设定明确性	A22
		目标内容细化程度	A23

续表

子目标层	准则层	评价指标层	指标编号
目标决策（A）	决策依据（A3）	与目标规划一致性	A31
		资料真实性	A32
		支持项目的可行性	A33
	决策程序（A4）	资金管理办法	A41
		决策过程科学性	A42
		资金调整履行过程	A43

（1）战略规划（A1）。财政支持新型城镇化建设是一项长期的系统工程，要实现经济增长高效、公共服务均等、城乡统筹发展的新型城镇化，必须制定完善合理的长期、中期及年度战略规划（A11），保证各级战略规划涉及内容的全面性（A12）以及进度计划安排的科学性（A13）。

（2）目标内容（A2）。该类指标承载着公共财政对新型城镇化建设的投入导向和发展预期。因此，目标设定依据（A21）必须要与我国新型城镇化建设实际和财政投入水平紧密结合，对目标内容的明确性（A22）以及目标内容细化程度（A23）进行评价，从而为未来财政支持决策优化奠定基础。

（3）决策依据（A3）。新型城镇化建设资金、体制、保障等需求以及上述战略规划、目标内容等方案措施是各级财政制定支持政策的基本依据。这要求财政支持决策依据应与目标规划相一致（A31），确保决策资料的真实性（A32）以及所支持项目的可行性（A33），也是提升财政支持绩效水平的根本保证。

（4）决策程序（A4）。实现财政支持新型城镇化建设决策过程的制度化和规范化关键在于制定科学的决策程序并保障严格执行。其中，制定完善的资金管理办法（A41），实现决策过程科学透明（A42），并设计合理的资金调整履行手续（A43）是该类指标关注的重点。

2. 新型城镇化建设财政支出分配

该类评价内容是从新型城镇化建设财政支持系统的定量化输入角度进

行设计，遵循财政支出评价实践与研究范式，由分配机制、支出总量、支出水平以及支出结构四个方面构成，包括 B11 ~ B43 等 11 个评价指标，如表 5.2 所示。

表 5.2   **财政支持新型城镇化建设的支出分配指标**

子目标层	准则层	评价指标层	指标编号
支出分配（B）	分配机制（B1）	财政支出分配办法	B11
		财政支出分配因素	B12
		财政支出分配结果	B13
	支出总量（B2）	新型城镇化财政支出实际总额及其增长率	B21
		预算内新型城镇化财政支出总额及其增长率	B22
	支出水平（B3）	新型城镇化财政支出占 GDP 的比重	B31
		新型城镇化财政支出占国家财政支出比重	B32
		人均新型城镇化财政支出额	B33
	支出结构（B4）	生产性支出所占比重	B41
		公共服务支出所占比重	B42
		科技费用支出所占比重	B43

（1）分配机制（B1）。分配机制评价的设计思想主要目的是掌握新型城镇化建设公共财政资金的分配情况，由于其直接涉及新型城镇化建设财政支持的最终绩效，重点从分配办法规范性（B11）、分配因素全面性（B12）和分配结果合理性（B13）三方面体现财政资金支出分配的科学公平。

（2）支出总量（B2）。作为财政支出绝对规模，该类指标反映了政府对新型城镇化建设的干预程度和保障程度。本研究通过比较新型城镇化建设财政支出总额及增长率（B21）与预算内新型城镇化建设财政支出总额及增长率（B22）对财政支出实际完成和变化情况进行评测。

（3）支出水平（B3）。该类指标用于表示财政支出的相对规模，通过衡量新型城镇化建设财政支出占 GDP 的比重（B31）和该类支出占国家财政支出比重（B32）横向比较新型城镇化建设的总体财政支持水平。此外，采用人均新型城镇化建设财政支出额（B33）反映财政支出相对于城镇居民的个体投入水平，能够更直接展现财政支出对新型城镇化的实质影响。

（4）支出结构（B4）。财政支出结构是指在新型城镇化建设财政支持过程中的财政资金组合和比例关系。不断优化财政支出结构是突出财政支持重点提升财政支持效率的主要途径。一是在区域方面兼顾农村与城镇、贫苦与非贫困地区的财政支出结构，在产业方面兼顾农林牧渔业与战略新兴产业等的财政支出结构有助于财政资源的合理配置。二是在支出结构要素方面，除了关注生产性支出所占比重（B41）是否合理外，还应着重提升公共服务（B42）、科技费用（B43）等可持续要素的支出比例①，充分发挥财政在推动新型城镇化发展中的宏观调控职能。

3. 新型城镇化建设财政支持的运行管理

根据"投入—过程—产出—目标"的绩效评价原则，新型城镇化建设的财政支持运行管理是对系统输入运行情况和组织管理的集中体现，也是我国以投入产出为导向的财政支出评价实践中极易忽略的关键环节。本研究通过组织结构、管理制度、实施进度、财务管理四个方面展开，由 C11 ~ C45 等 12 个评价指标构成，如表 5.3 所示。

（1）组织结构（C1）。在财政支持体系中有效的组织结构将为新型城镇化建设创造广阔的发展空间，支撑系统中的其他功能作用。研究表明合理的组织结构安排对发挥财政支持作用有显著影响，其中组织层级设置（C11）和人员职责分工（C12）是组织结构有效性的直接体现。

---

① 武小龙，刘祖云. 城乡差距的形成及其治理逻辑：理论分析与实证检验——基于城市偏向理论的视角［J］. 江西财经大学学报，2013（4）：78 - 86.

表 5.3　　　　　　　　　财政支持新型城镇化建设的运行管理指标

子目标层	准则层	评价指标层	指标编号
运行管理（C）	组织结构（C1）	组织层级设置	C11
		人员职责分工	C12
	管理制度（C2）	管理制度办法	C21
		制度执行情况	C22
	实施进度（C3）	进度监测情况	C31
		实施内容合规性	C32
		实施质量情况	C33
	财务管理（C4）	财政资金到位率	C41
		财政资金到位时效	C42
		财政资金使用合法性	C43
		财务制度完善程度	C44
		会计核算制度规范性	C45

（2）管理制度（C2）。在财政支持管理过程中，管理制度办法（C21）和制度执行情况（C22）是评价管理制度的基本构成和测度指标。一方面应建立健全项目管理保障制度及严格的管理考核细则和实施办法，确保各项制度的有效性；另一方面应保障人员配备满足工作需要，及时维护基础设施设备，使管理制度得到严格高效的执行。

（3）实施进度（C3）。该类指标是对新型城镇化建设财政支持过程的绩效评价，主要包括三方面：一是进度监测（C31），实际实施进度是否符合预期进度计划安排，未出现建设延期、返工等情况；二是实施内容（C32），各实施环节是否符合战略规划及实施方法的要求；三是实施质量（C33），主要考察完成质量是否达到绩效目标要求，特别是产品技术质量是否通过验收或者项目运行与管理是否稳定。

（4）财务管理（C4）。它是新型城镇化建设财政支持评价的重要内容之一，是保证公共财政使用合规性的前提。各级财政为促进新型城镇化建设有序开展，首先会重点考核财政资金的到位率（C41）和到位时效（C42）。其次，基于财政支持效率和公众监督的要求，财政资金使用合法性（C43）是财务管理过程中的基本内容，包含是否存在支出依据不合规、虚列项目支出、超标准开支等情况。此外，建立健全的资金管理、费用支出等财务制度（C44），形成规范的会计核算制度（C45）是财政支持资金使用和管理的关键。

4. 新型城镇化建设财政支持的基础产出

财政支持基础产出是财政支出后新型城镇化发展运行的直接效益，它与其后的发展质量是评价模型的重点，也是该闭环反馈系统的输出指标。基础产出主要从经济实力、产业结构、城镇建设、创新能力四个方面进行衡量，包括 D11 ~ D44 等 18 个评价指标，如表 5.4 所示。

表 5.4　　　　　　财政支持新型城镇化建设的基础产出指标

子目标层	准则层	评价指标层	指标编号
基础产出（D）	经济效益（D1）	地区生产总值	D11
		地方财政收入	D12
		人均可支配收入	D13
		固定资产投资增长率	D14
		外商投资增长率	D15
	产业结构（D2）	非农产业增加值占 GDP 比重	D21
		第三产业所占比例	D22
		高新技术产业所占比例	D23
		产业结构效益	D24
	城镇设施（D3）	人均道路面积	D31
		城镇用水普及率	D32
		城镇燃气普及率	D33
		万人拥有公交车辆	D34
		家庭互联网开户率	D35
	创新能力（D4）	创新体系建设	D41
		专利专有技术数量	D42
		创新产出效率	D43
		创新人才培育	D44

（1）经济实力（D1）。该类指标是新型城镇化发展的根本动力，包括经济发展规模和发展速度两个维度。前者由地区生产总值（D11）、地方财政收入（D12）和人均可支配收入（D13）反映我国新型城镇化建设的经济实力；后者发展速度则选取固定资产投资增长率（D14）和外商投资增长率（D15）等代表性指标直接体现城镇化集聚发展水平。

（2）产业结构（D2）。优化产业结构转变增长方式，是财政支持新型城镇化建设的主要目标之一，能够为宏观经济和微观主体的发展提供适宜的外部环境。区别于传统发展模式，新型城镇化建设更加关注非农产业增加值占 GDP 比重（D21）、第三产业所占比例（D22）和高新技术产业所占比例（D23），以及由此带来的产业结构效益（D24）。

（3）城镇设施（D3）。在新型城镇化进程中，功能设施不断完善是提升城镇承载力以及城镇综合竞争力的重要基础。城镇设施不仅体现在人均道路面积（D31）、城镇用水普及率（D32）、城镇燃气普及率（D33）、万人拥有公交车辆（D34）等城镇交通、供水、供气等基础设施建设，而且包括基于家庭互联网开户率（D35）的信息网络铺设和推广程度。

（4）创新能力（D4）。它在财政支持新型城镇化建设中所起的作用，实际上是通过对系统功能的完善和优化，对原有城镇化建设模式进行以技术、制度、管理等为核心的革新和改造，是一个不断探索利用新技术、新思路提升城镇活力的过程①，包括创新体系建设（D41）、专利专有技术数量（D42）、创新产出效率（D43）、创新人才培育（D44）等方面，贯穿从设计、研发到创新成果应用及市场化的全过程，实现新型城镇化发展方式由要素驱动向创新驱动转变。

5. 新型城镇化建设财政支持的发展质量

新型城镇化发展质量作为财政支持的间接产出和影响效益，对我国新型城镇化健全具有更为深远的意义和价值。新型城镇化建设必须兼顾量的提升和质的发展才能真正实现可持续发展，因此本研究选取社会进步、生

---

① 范柏乃. 城市技术创新透视：区域技术创新研究的一个新视角 [M]. 北京：机械工业出版社，2004.

活质量、生态环境、资源节约、城乡统筹五类代表性指标来衡量新型城镇化建设财政支持的发展质量水平，由 E11～E54 等 21 个评价指标组成，如表 5.5 所示。

表 5.5　　　　　财政支持新型城镇化建设的发展质量指标

子目标层	准则层	评价指标层	指标编号
发展质量（E）	社会进步（E1）	人口城镇化率	E11
		千人拥有文化机构数	E12
		非农产业从业人员比重	E13
		每万人高校在校生数量	E14
	生活质量（E2）	恩格尔系数居民	E21
		人均生活消费支出	E22
		千人拥有医护人员数量	E23
		人均年生活用电量	E24
		居民人均住房面积	E25
	生态环境（E3）	人均公共绿地面积	E31
		区域空气质量达标率	E32
		污水处理率	E33
		垃圾无害化处理程度	E34
	资源节约（E4）	降低万元 GDP 用水量	E41
		万元 GDP 能源消耗	E42
		新建建筑节能标准实施率	E43
		工业固体废物综合利用率	E44
	城乡统筹（E5）	农村居民人均纯收入	E51
		城乡居民收入差异度	E52
		农村居民养老保险参保率	E53
		农村新型合作医疗覆盖率	E54

（1）社会进步（E1）。在促进经济增长基础上，新型城镇化建设必须与我国城镇社会发展相适应，通过人口城镇化率（E11）、千人拥有文化

机构数（E12）、非农产业从业人员比重（E13）、每万人高校在校生数量（E14）等社会事业层面要素的改革和完善，评价优化城乡资源配置，促进公共服务均等化等绩效目标的完成程度。

（2）生活质量（E2）。对城镇居民而言，新型城镇化发展最直接实际的判断标准即是自身生活状况的改变，它是新型城镇化丰富内涵的重要体现。居民生活质量评价由城镇生活水平、便利性和现代化程度组成，包括恩格尔系数（E21）、人均生活消费支出（E22）、千人拥有医护人员数量（E23）、人均年生活用电量（E24）、居民人均住房面积（E25）等指标。

（3）生态环境（E3）。保护生态环境，实现和谐发展是财政支持新型城镇化建设的重要目标。新型城镇化的财政支持方式和强度要与生态环境的承载能力相匹配，协调城镇与乡村间的环境依存关系，注重增加人均公共绿地面积（E31），提高各区域空气质量达标率（E32）。同时通过环保设施建设，加大对污水处理（E33）和垃圾无害化处理（E34）的力度，创造良好的城镇发展环境和居住环境。

（4）资源节约（E4）。资源是保证新型城镇化协调、快速发展的物质基础，任何脱离地区资源实际的城镇化建设必然是以牺牲资源和环境为代价的破坏性城镇化①。因此汲取西方国家城镇化经验，我国在城镇经济发展、产业结构优化、功能设施建设的同时必须更加关注资源的节约和合理利用，通过降低万元 GDP 用水量（E41）和万元 GDP 能源消耗（E42），提高新建建筑节能标准实施率（E43）和工业固体废物综合利用率（E44），提升资源综合利用效率。

（5）城乡统筹（E5）。城乡统筹发展是财政支持推进新型城镇化的核心内容，是发挥城镇带动作用，完善城乡规划，缩小城乡差距的重要指标。构建城乡统筹协调机制，应从增加农村居民人均纯收入（E51），缩小城乡居民收入差异度（E52）入手，同时促进基础设施、公共服务、社会保障等向农村覆盖延伸②，具体体现在农村居民养老保险参保率

---

① Kevin Honglin Zhang, Shunfeng Song. Rural-urban migration and urbanization in China：Evidence from time-series and cross-section analyses［J］. China Economic Review, 2003（14）：385–400.

② Shahbaza, M., Lean, HH. Does financial development increase energy consumption? The role of industrialization and urbanization in Tunisia［J］. Energy Policy, 2012, 40（1）：473–479.

（E53）、农村新型合作医疗覆盖率（E54）等指标水平。

综合上述理论分析，围绕新型城镇化建设财政支持评价的绩效目标，初步选取了 74 个评价指标构成了第一阶段的评价指标模型（如图 5.2 所示），其中新型城镇化建设财政支持绩效水平 F 为目标层，目标决策等 A ~ E 为子目标层，战略规划等 A1 ~ E5 为准则层，A11 ~ E55 等 74 个评价指标构成了模型的指标层。

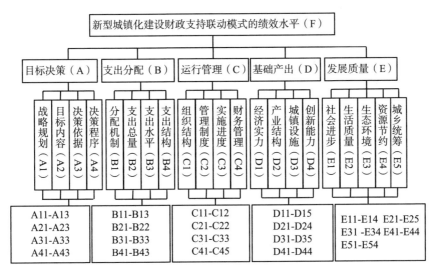

图 5.2 新型城镇化建设财政支持联动模式的评价模型

5.2.2 要素体系的实证检验

经过理论分析所构建的第一阶段评价指标模型基本反映了本书的研究目的，但仍存在评价指标数目过多、指标鉴别力有待检验、指标间相关性等问题，难以保证评价模型的科学性、有效性和客观性，因此以下采用实证方法对评价指标做进一步的筛选检验。

1. 第二阶段指标的专家筛选

以图 5.2 所构建的理论评价模型为基础，课题组邀请了 32 位新型城镇化建设与财政绩效评价领域的专家构成了本研究的专家咨询组，针对评价指标进行了多次深入讨论。专家成员既包括有扎实理论基础和研究成果的大学教授和研究员，也包括有多年城镇化建设和财政管理经验的政府部门管理人员，还包括长期从事绩效审计工作的会计师事务所高层。根据讨论结果，对第一阶段评价指标 θ_1 进行如下调整：第一，根据新型城镇化建设财政支持的绩效目标和决策特征，对"目标决策"层次指标再次进行梳理，将"战略规划"和"目标内容"合并命名为"战略目标"，"决策依据"和"决策程序"合并命名为"决策过程"，并将具体指标重新修正为战略规划、目标设定、规划进度以及决策依据、决策程序等方面；第二，由于新型城镇化的"运行管理"子目标层中"组织结构"和"管理制度"的评价指标相对较少，将两类指标合并重新命名为"组织管理"，仍保留原有评价指标；第三，根据评价模型各目标层和准则层所呈现的内涵特点，对部分评价指标的归属进行了重新论证和调整，例如将"基础产出"子目标中"城镇建设"准则层的"城镇居民人均住房面积（D35）"调整到"发展质量"子目标的"生活质量"，同时删除部分不合适的评价指标，并对各层指标名称做进一步修正。通过上述调整得到了新型城镇化建设财政支持评价模型的第二阶段评价指标体系。第二阶段的评价指标体系 θ_2 由 5 类评价子目标、19 类评价准则层的 67 个具体评价指标构成。

2. 第三阶段指标的隶属度分析

该阶段课题组与山东省财政厅联合，依托其山东省新型城镇化建设专项资金绩效评价工作，以 2012 年山东省城镇化建设所选取的 17 个地市的 100 个示范镇为调研对象，将第二阶段的评级指标体系 θ_2 形成调查问卷，通过网络平台、邮件和实地访谈等方式发送给当地相关政府部门、研究机构的专家和管理人员，邀请其根据自身工作经验和实践进行总结，从问卷中选取认为最重要的 20 项评价指标。该阶段调研共发放问卷 400 份，收回有效调查表 157 份，占发放总数的 39.25%，有效调查问卷主要分布在青岛、烟台、潍坊、济宁、临沂等示范镇较多的地市。

运用隶属度法对 157 份有效调查问卷的评价指标进行统计分析。首先，计算 67 项评价指标的隶属度，公式为：

$$r(\chi_i) = \frac{d(\chi_i)}{d} \quad (i = 1, 2, 3 \cdots 76) \tag{5.1}$$

其中 μ_i 表示第 i 个评价指标；d 表示参与评价的调研对象人数，即本研究中有效调查问卷数量；$d(\chi_i)$ 表示 157 份问卷中评价指标 χ_i 的被选择次数，即共有 $d(\chi_i)$ 位调研对象认为 χ_i 是衡量新型城镇化建设财政支持绩效的重要指标。如果公式（5.1）中 $d(\chi_i)$ 值较高，则表明该项评价指标 χ_i 对新型城镇化建设财政支持评价非常重要，可以成为评价体系的正式指标；反之，则删除该项评价指标。

其次，计算评价指标被选择次数的临界值和隶属度临界值。当 $\alpha = 0.01$ 时，计算公式为：

$$d(\chi) = \mu + \frac{S}{\sqrt{N}} t_{0.01} \tag{5.2}$$

其中，μ 为 67 项评价指标的平均被选择次数，可得到 $\mu = 157 \times \frac{20}{67} = 46.87$；S 为样本标准差，统计计算可得为 26.13；N 为 157 份有效问卷中所有指标的被选择次数总和，因此 $N = 157 \times 20 = 3140$。综上可得 $d(\chi) = 47.96$，代入公式（5.1）中得到隶属度临界值 $r(\chi) = 30.55\%$，即在 $\alpha = 0.01$ 条件下，当评价指标 χ_i 的隶属度值 $r(\chi_i)$ 高于 30.55% 时，选择该项指标的调研对象才具有显著性差异。在被评价的 67 项指标中，有 52 项指标的隶属度值高于 30.55%，因此保留这些评价指标，删除其余的 15 项评价指标，形成第三阶段的新型城镇化建设财政支持评价指标体系 θ_3。

3. 第四阶段指标的相关性分析

该阶段运用相关分析法做进一步的指标甄选，目的在于消除指标间的相关性对评价结果的影响。由于第三阶段评价指标体系 θ_3 由 24 项主观评价指标和 28 项客观评价指标两类组成，因此在数据收集方面选取不同方式分而处理：对于主观评价指标仍以调查问卷的形式再次邀请第三阶段所选择的样本乡镇的专家和管理人员填写指标得分；对于客观评价指标则通过采集样本乡镇近三年统计数据进行定量分析。评价指标的相关性分析一般包括指标的无量纲化处理、指标间相关系数 R_{ij} 的计算和 R_{ij} 临界值 M（0 < M < 1）的确定三个步骤。根据上述过程，运用 SPSS 统计软件对第三阶段评价指标体系 θ_3 的 52 项评价指标进行相关分析，计算相关系数矩阵。在给定临界值 M 为 0.7 的条件下，共有 9 对评价指标的相关系数大于 0.7。根据指标数量平衡和可比性原则，删除绝对评价指标和指标数量较多的领域中的评价指标，同时将具体评价指标较少的准则层指标再次进行合并。保留的评价指标构成了新型城镇化建设财政支持评价模型的第四阶段评价指标体系 θ_4，也是经过专家筛选、隶属度分析和相关分析后的新型城镇化建设财政支持评价指标体系（如表 5.6 所示）。该评价指标体系由目标层、子目标层、模块层和评价指标层四个层次共 38 项评价指标构成，其中主观评价指标为 15 项，客观评价指标为 23 项。

表 5.6　　新型城镇化建设财政支持联动模式的评价指标体系

子目标层	权重	模块层	权重	评价指标层	指标编号	权重
目标决策（A）	0.122	战略目标（A1）	0.572	战略规划全面性	A11	0.322
				目标设定合理性	A12	0.301
				规划进度科学性	A13	0.377
		决策过程（A2）	0.428	决策依据与战略目标相符程度	A21	0.527
				决策程序公开规范程度	A22	0.473
支出分配（B）	0.169	支出水平（B1）	0.463	新型城镇化财政支出总额	B11	0.348
				新型城镇化财政支出增长率	B12	0.325
				新型城镇化财政支出所占比重	B13	0.327
		分配机制（B2）	0.537	财政支出分配办法	B21	0.453
				财政支出分配结果	B22	0.547
运行管理（C）	0.174	组织管理（C1）	0.332	组织层级设置	C11	0.338
				人员职责分工	C12	0.374
				财政支出管理体制	C13	0.288
		进度质量（C2）	0.409	实施进度监测	C21	0.246
				实施内容一致性	C22	0.359
				实施质量合规性	C23	0.395
		财务管理（C3）	0.259	资金到位率	C31	0.372
				资金使用合法性	C32	0.628

续表

子目标层	权重	模块层	权重	评价指标层	指标编号	权重
基础产出（D）	0.282	经济效益（D1）	0.371	人均 GDP	D11	0.219
				固定资产投资总额	D12	0.385
				非农产业增加值占 GDP 比重	D13	0.396
		城镇设施（D2）	0.386	人均道路面积	D21	0.394
				城镇用水普及率	D22	0.372
				城镇燃气普及率	D23	0.234
		创新能力（D3）	0.243	每万人专利专有技术数量	D31	0.194
				高新技术产业总产值占比	D32	0.372
				创新体制完善程度	D33	0.434
发展质量（E）	0.253	社会进步（E1）	0.269	非农产业从业人员比重	E11	0.407
				千人拥有文化机构数	E12	0.298
				每万人高校在校生数量	E13	0.295
		生活质量（E2）	0.243	居民人均住房面积	E21	0.331
				人均年生活用电量	E22	0.364
				恩格尔系数	E23	0.305
		资源环境（E3）	0.258	污水处理率	E31	0.292
				万元 GDP 能耗降低率	E32	0.410
				工业固体废物综合利用率	E33	0.298
		城乡统筹（E4）	0.230	城乡居民收入差异度	E41	0.427
				城乡社会保障覆盖率	E42	0.573

4. 信度与效度检验

信度（reliability）表示对相同的对象，运用相同的测量方法得出相同测量数据的可能性，即同一受测群体面对多次相同检验的结果要有稳定性和一致性。一般情况下，稳定性可通过检验测量工具的内部一致性程度（internal consistency）指标 Cronbach's Alpha 系数来实现，该系数已被证实是检验多维度指标体系可靠性的有效指标。通常，问卷的内部一致性信度是依据该系数大小而定，系数值越大表示量表的一致性程度越高，在社会科学领域的研究中 Cronbach's Alpha 系数不低于 0.6，本书也采用该标准。课题组将第四阶段新型城镇化建设财政支持评价指体系 θ_4 形成调查问卷后，为保证问卷结果的有效性，在回避第三、四阶段样本乡镇的基础上随机抽取山东省东中西部 80 个乡镇，通过访谈、邮寄、委托当地财政部门及审计机构等方式发放问卷 360 份。本阶段共收回问卷 256 份，其中有效问卷 122 份，占发放总数的 47.7%。以调研数据为基础，利用 SPSS 统计软件对指标体系进行因子分析和信度检验，得到各评价子目标的 Cronbach's Alpha 系数。结果显示，新型城镇化建设财政支持评价指标体系包含的 5 类评价子目标的 Cronbach's Alpha 系数均在 0.6 以上，说明第四阶段所构建的评价指标体系均具有较高内部一致性，因此该体系的构建信度较为理想。

对于效度检验，首先采用探索性因子分析方法，通过变量总方差解释量以及因子负荷值等来衡量评价指标体系的结构效度（construct validity）。在同一变量层面中，因子负荷值大于 0.5，表示收敛效度越高，每一类评价项目只能在其所属的构面中，出现一个大于 0.5 以上的因子负荷值，符合这个条件的项目越多，则量表的结构效度越高。探索性因子分析的结果表明，新型城镇化建设财政支持评价指标体系的结构效度基本满足要求。其次，采用专家判断法，通过计算内容效度比（CVR）来衡量评价指标体系的内容效度（content validity）。内容效度比的计算公式为：

$$CVR = \frac{n_i - \dfrac{N}{2}}{\dfrac{N}{2}} \tag{5.3}$$

其中 n_i 表示专家中认为评价指标能够较好地反映新型城镇建设财政支出绩效评价的人数，N 为参与评定的专家总数。本研究所邀请的 32 位咨询专家中有 28 位专家认为第四阶段新型城镇化建设财政支持评价指标体系 θ_4 较全面有效地反映了财政支持新型城镇化建设的关键影响因素，计算可得内容效度比 CVR 为 0.75，说明本研究所构建的新型城镇化建设财政支持评价指标体系具有较高的内容效度。

5.2.3 要素体系的权重确定与指数计算

新型城镇化建设财政支出绩效评价体系是由多层次、多类型指标构成的复合指标体系，由于评价体系各层次指标对于新型城镇化的作用程度存在较大差异，根据客观原始数据的计量方法难以科学合理地确定各层次指标的权重。因此，本书采用层次分析法（AHP），在建立递阶层次结构和专家评分的基础上，首先构造判断矩阵，以子目标层、模块层、评价指标层要素为研究对象分别计算单层次指标权重，然后将各层次的指标进行总排序，确定所有指标相对于总指标的权重，从而科学合理地解决了评价体系的赋权重问题。

为确保权重判断的准确性，课题组从参与第二阶段指标筛选的专家咨询组中选择了 15 位权威专家，包括新型城镇化建设及财政绩效评价领域的大学教授 6 人、会计师事务所高层 4 人、政府部门管理人员 5 人。根据层次分析法原理将第四阶段形成的评价指标体系转化为专家咨询表，以访谈、电子邮件等形式邀请专家对新型城镇化建设财政支出绩效评价体系中各层次的指标进行两两判断，并以各专家对指标赋权的平均值作为指标体系的最终权重。计算结果的一致性检验显示，层次单排序及层次总排序一致性检验中的所有 CR 均小于 0.10，表明各判断矩阵一致性符合要求，权重向量可以接受，具体各层次指标权重如表 5.6 所示。

根据新型城镇化建设财政支出绩效评价体系的层次结构和指标权重，可得到新型城镇化建设财政支出绩效评价模型的计算公式：

$$\begin{cases} F = \displaystyle\sum_{i=1}^{5} w_i F_i \\ F_i = \displaystyle\sum_{j=1}^{n} w_{ij} F_{ij} \qquad (\sum w_i = \sum w_{ij} = \sum w_{ijk} = 1; \ i = A \cdots B; \\ \qquad\qquad\qquad\qquad j, k = 1, 2 \text{ 或 } 1, 2, 3) \\ F_{ij} = \displaystyle\sum_{k=1}^{m} w_{ijk} F_{ijk} \end{cases} \quad (5.4)$$

其中 F 为新型城镇化建设财政支出综合绩效得分，F_i 和 F_{ij} 分别为评价体系子目标层 A$\cdots$E 和模块层 $A_1 \cdots A_4$ 的绩效得分，F_{ijk} 为具体评价指标得分；w_i、w_{ij} 和 w_{ijk} 分别为子目标层、模块层及指标层的相对权重。基于上述模型，可计算得到绩效评价综合指数及各层次各维度指数，进而能够对新型城镇化建设的财政支出决策、管理和产出绩效做出科学系统的评估。

5.3　财政支持联动模式的评价实施内容

以上述财政支持联动模式评价指标体系为基础，进一步明确财政支持模式的评价目标，理清评价层次，确定评价对象和内容，形成一整套标准的绩效评价体系，确保绩效评价实地工作的顺利开展。新型城镇化建设财政支持模式的绩效评价内容严格按照上述评价的指标体系、评价对象和评价类型进行确定，评价内容涉及财政支出的投入、过程、产出和效益四个方面。

新型城镇化建设财政支持模式评价的内容界定了评价的工作任务，也就是说在评价考核期间应当做什么样的事情。它包括评价项目和评价指标两个部分。评价项目是指评价的纬度，也就是说要从哪些方面来对其进行考核。评价指标则是指评价项目的具体内容，它可以理解为是对评价项目的分解和细化。新型城镇化建设财政支持模式的评价工作主要包括以下方面：

（1）实施方案制定。主要评价实施方案内容、实施方案报送情况；项目申报和遴选情况。主要是根据资金管理办法和申报指南，评价各市、县财政和主管部门有关上报项目和专家评审项目的总体质量情况。

（2）财政支出资金整合。主要评价整合资金规模、整合资金渠道情况；资金拨付和使用情况。主要对财政资金的执行进度和科学合理使用及有关配套情况进行总体评价。

（3）资金项目管理。落实管理制度建设、资金执行进度、管理机制创新以及管理工作开展情况；实现绩效目标制定的制度、采取的措施等。主要是各市和有关部门对加强新型城镇化建设财政支出和项目管理采取的有关措施、制度，以及改革创新的新办法等。

（4）组织保障工作。建立并完善组织协调机制，实现部门间密切配合，开展政策信息宣传、总结及数据报送等工作。

（5）项目完成情况。主要评价项目完成程度、完成质量、检查验收情况以及绩效目标的实现程度及效果。

（6）项目实施效果。主要评价经济效益、社会效益、其他效益情况；对项目、资金的最终社会和经济效益与期初绩效目标设定进行对比分析。

5.4　财政支持联动模式的评价应用

依据上述绩效评价指标体系和计算模型，通过依托并参与山东省财政厅新型城镇化建设财政绩效评价工作，对山东省新型城镇化建设财政资金所涉及的 17 个地市及所属县、乡镇进行了详细的问卷调研和抽样走访，收集了 2015 年 1 月至 2015 年 12 月的相关数据。调研对象分为省级主管部门、各地市主管部门以及具体项目单位三个层次，基本涵盖了各种新型城镇化建设财政支出的规模和方式，统计样本具有广泛代表性。

由于评价体系指标较多且指标间计量单位差别较大，无法进行直接比较。因此为消除量纲影响，在进行绩效评价之前对调研问卷的原始数据进行标准化处理，将其转化成无量纲、无数量级的标准数据，一方面能够直观反映调研区域在新型城镇化过程中的优势和不足，另一方面也便于区域间绩效水平的横向比较。本书采用极差化方法对定量指标进行标准化处理，首先将评价指标归纳为正向指标、逆向指标和适度指标三种类型，不同类型指标的处理公式如下：

$$\text{正向指标：} F_{ijk} = \frac{f_{ijk} - f_{ijk}^{min}}{f_{ijk}^{max} - f_{ijk}^{min}} \tag{5.5}$$

$$\text{逆向指标：} F_{ijk} = \frac{f_{ijk}^{max} - f_{ijk}}{f_{ijk}^{max} - f_{ijk}^{min}} \tag{5.6}$$

$$\text{适度指标：} F_{ijk} = \frac{|f_{ijk} - a|}{\max(|f_{ijk}^{max} - a|, |f_{ijk}^{min} - a|)} \tag{5.7}$$

式中 f_{ijk} 表示某项指标的原始值；f_{ijk}^{max} 表示某项指标的最大值；f_{ijk}^{min} 表示

某项指标的最小值；a 为某项指标的均值。F_{ijk} 为标准化处理后的指标值，也即直接应用于模型（4）中的具体指标得分。

　　通过问卷调研和数据处理，结合绩效评价体系指标权重和评价模型，计算得到山东省新型城镇化建设财政支出绩效评价综合指数以及各层次评价指数，具体计算结果如表 5.7 所示。

表5.7　　　　　　　　山东省新型城镇化建设财政支出绩效评价结果

目标层	子目标层		模块层		
	评价指标		指数得分	评价指标		指数得分
综合指数 F = 0.862	目标决策	F_A	0.909	战略目标	F_{A1}	0.905
				决策过程	F_{A2}	0.916
	支出分配	F_B	0.891	支出水平	F_{B1}	0.821
				分配机制	F_{B2}	0.952
	运行管理	F_C	0.869	组织管理	F_{C1}	0.923
				进度质量	F_{C2}	0.852
				财务管理	F_{C3}	0.828
	基础产出	F_D	0.844	经济效益	F_{D1}	0.855
				城镇设施	F_{D2}	0.880
				创新能力	F_{D3}	0.768
	发展质量	F_E	0.836	社会进步	F_{E1}	0.841
				生活质量	F_{E2}	0.855
				资源环境	F_{E3}	0.838
				城乡统筹	F_{E4}	0.807

　　由表 5.7 可知，山东省新型城镇化建设财政支出绩效评价综合指数 F 为 0.862（分值区间为 0～1），可见总体而言 2015 年度山东省新型城镇化建设财政支出的绩效水平相对较高。但从各指标维度来看，不论是子目标层还是模块层，评价指数得分都存在一定差异，说明山东省新型城镇化建设的财政支出绩效管理过程存在不均衡性。尤其是"分配机制"（0.952）、"组织管理"（0.923）、"决策过程"（0.916）和"战略目标"（0.905）

模块，整体分值均在 0.9 以上，体现了该年度山东省新型城镇化建设财政支出在前期政策目标制定、战略规划、分配办法设计、组织管理规范等工作上具有较高的绩效管理和整体调控。与此同时，绩效评价结果也说明了山东省新型城镇化建设财政支出绩效管理工作仍存在一些薄弱环节，期间有诸多问题需进一步改善。例如基础产出中的"创新能力"指数仅为 0.768，是评价体系中得分最低的模块，显著凸现了山东省新型城镇化建设进程中高新技术产业发展缓慢、高技术人才较为匮乏、区域创新体系不完善等问题。支出分配中的"支出水平"（0.821）和运行管理中的"财务管理"（0.828）两类模块得分较低，一方面表明现阶段山东省财政支出规模及增长速率还难以满足新型城镇化建设的需求，另一方面从内在层次规范财政支出会计核算提升资金使用效率是亟待解决的问题。发展质量中的"资源环境"模块的低分尽管与山东省自身要素推动型的经济结构有一定关系，但也反映了能源消耗水平、资源利用效率及生态环境改善速率相对偏低的状况；而"城乡统筹"模块的低分则表明城镇化进程中普遍存在的公共服务不均等、城乡差距大等问题尚需着力改善。可见，上述评价结果对把握现阶段新型城镇化建设财政支出绩效水平，制定改进和优化措施具有参考和实践价值。

第6章 新型城镇化建设财政 支持模式的效应检验

较之财政支持绩效评价的诸多方法，DEA 模型在分析财政支持投入产出效应方面有其独特的适用性与优势。因此，本部分以山东省财政支持联动模式评价要素体系为基础，选择决策单元、投入产出变量及数据来源，采用 DEA 方法构建 CCR 和 BCC 模型以及 SBM 模型，并对模型结果进行分析，从而为优化完善山东省及其各地市新型城镇化建设财政支持措施提供数据支持和决策依据。

6.1 财政支持新型城镇化建设的效应检验方法

财政支出绩效评价方法是检验财政支持效果的主要手段，方法选择妥当与否直接影响检验结果。由于财政支出项目的多样性及复杂性，在方法的选择上尤其要注意适配性。目前理论界提出了成本效益分析法、最低成本法、综合指数法、因素分析法、生产函数法、模糊数学法、方案比较法、历史动态比较法、目标评价法、公众评判法等多种方法。以下将对现阶段财政支持效应检验的主要方法做简要介绍，在此基础上说明采用 DEA 模型进行财政支持效应检验的优势与特点。

6.1.1 财政支持效应检验的一般方法

在财政支持绩效评价的诸多方法中，比较法、因素分析法、公众评价法和成本效益分析法已被《中央部门预算支出绩效考评管理办法（试行)》所采纳，应用到实践中。在实际运用过程中需要根据不同的评价目标而选择性的采用各种评价方法，不同方法之间也必然存在交叉使用的问题，没有哪一种方法是全能的，明确的目标和先进的方法结合起来才能得出准确的结论。财政支持绩效的评价检验根据支出项目生产技术的产出鉴别和生产活动的同质性应分别采取不同的评价方法。

（1）财政产出效应评价：成本效益分析法。成本效益分析法是针对预先确定的建设目标，将一定时期内项目的总成本与总效益进行对比分析，提出若干实现目标的方案，通过多个预选方案进行成本效益分析，选择最优的支出方案。该方法适用于成本和收益都能准确计量的项目评价考核。对生产性投资项目或生产性基础设施工程效率的评价，通过分析支出成本、计算测评收益并加以比较，可以比较准确地计算出效率情况。

成本效益分析法是从私人企业成本效益分析法借鉴发展而来的，仅限于那些能够用货币计量的成本和效益，对于具有明显的外部性以及无形收益的项目，如教育，成本收益法就难以进行准确的衡量。政府公共部门提供的公共产品纯度越高，成本收益的数据收集越困难，利用此方法进行评价就不能作出精确判断。但实际上，任何一项公共支出项目，由于其外部效应的存在，要准确计算财政支出的成本和效益都是相当困难的，只能以模拟或近似计算的方法予以代替。所以财政支出成本效益分析法有相当大的局限性。

成本收益法除了具有这些局限性以外，我国目前也缺乏适用成本收益分析法的广泛基础。首先，我国目前仍然是一个市场机制不发达的国家，市场均衡价格不存在，现行价格有许多是由部门垄断形成的部门均衡价格，这样就使投资的真实收益难以准确评价。其次，贴现率的确定也十分困难，尽管我国政府也不停地调整贴现率和银行利率，但都未实现市场化决定，而且我国目前的市场状况也极不稳定，资本市场波动较大，政府规定的贴现率与利率对此反应不灵敏，这样也会使计算出的现值与真实的价值相去甚远。我国在政府决策过程中也缺乏运用成本收益分析法进行项目的论证与评价的传统和意识，尽管近年有所改变，但范围和力度有限。政府的投资决策中，仍然存在许多人为因素的干扰，背后是利益的刚性作用，这些人为因素的影响远远大于成本收益分析法所提供的说服力，即使成本收益分析法能真正提供准确和真实的信息，它对决策的影响力也是有限的。

（2）财政投入效应评价：最低成本法。适用于那些成本易于计算而效益不易计量的支出项目，而且通过此类支出所提供的商品或劳务，不可能以任何形式进入市场交换。如国防、外交支出项目，因为无法用货币计量其社会效益，只能计量每个被选项目的有形成本，以成本最低为选择标准，并以最低成本为原则来确定最终的支出项目。采用最低成本法来分析公共支出效率时，难点不在费用开支的比较，而在于如何使用不同支出方案能够无差别地实现财政支出的目的。

（3）财政支持过程效应评价：公众评判法。对于无法直接用指标计量其效益的支出项目，可以通过选择有关专家进行评估并对社会公众进行问卷调查以评判其效益，以社会公众的认同度高低为标准，具有民主性、公开性的特点。

（4）财政支持效应综合评价法。以上方法都是针对某一具体的财政支出项目进行效率上的评价，但从理论上可以将整个财政支出作为一个系统工程进行综合效率评价，将影响投入和产出的各项因素罗列出来进行分析。它在计算多种效率指标的基础上，通过将各环节或各单项指标值进行综合，根据一定的权数计算出综合效率指标，以此说明总体效率水平。该方法准确度较高、也较全面，特别是对于支出具有公共性、不形成有形资产或实体项目、效率具有发散性而不易衡量的支出进行效率评价较为适合。综合评价法能够根据评价对象的特点，根据不同侧面的多个评价目标，对多个变量进行分析判断，最后再综合计算，这个特点正好满足了公共服务财政支出效率评价体系多层次、多目标、多因素的评价要求。综合评价法最常用的方法有功效系数法、线性规划法等。

6.1.2　DEA 模型的适用性

生产前沿面是指在给定的技术水平下，生产者可能获得的最大产出水平。技术效率则是衡量生产者活动接近生产前沿面的程度，它反映的是实际产出水平与理论最大产出水平的差距。当发生技术进步时，生产前沿面会向外移动，这种移动带来的结果是，生产者如果要保持或缩小与生产前沿面的差距，必须进一步提高技术效率。

在现代西方经济效率理论中，度量技术效率的关键在于确定生产前沿面。在法瑞尔（Farrell，1957）提出技术效率概念以后的四十多年里，许多研究者不断探索前沿面的确定，即从样本群中找到具有相对完全效率的样本，并将利用这些样本构成生产前沿函数。目前，估计生产前沿面的方法归纳起来可以分为两类——参数方法（parametric estimation method）和非参数方法（non-parametric estimation method）。其中，参数方法以随机前沿方法（stochastic frontier approach，SFA）为主，而非参数方法则以数据包络分析（data envelopment analysis，DEA）为主。

无论是随机前沿分析方法还是数据包络分析方法，均需要借助生产前沿面来进行，区别在于这两类方法寻找和确定前沿面的方法或途径不同，由此形成两类基本的效率分析方法。随机前沿分析方法与数据包络分析方法的区别体现在以下两个方面：①随机前沿分析方法可较好地处理单投入产出和多投入产出问题，而且对多投入多产出问题的处理比较困难，对样本的要求比较严格，需要有较大数量的观察值；数据包络分析方法可以比较好地处理多投入多产出问题，而且也比较方便，对样本数量的要求比较低。②随机前沿分析方法需要对生产技术假设一些生产函数的形式，各种生产函数都需要一定的假设条件，对要素替代率和技术进步的限制比较严格，效率分布也要作出假设，由于非效率值往往大于 0，所以不能假设其为负值分布，且这些分布假设都是一些先验性的假设，只能通过估计结果来检验这些假设的正确性，并根据误差项的分布假设不同，采用相应的技术方法来估计生产函数中的各个参数；数据包络分析方法不需要设定函数形式和假定生产技术，在研究中的约束较小，也不需要事先对效率分布进行假设，可通过直接计算获得效率值。

根据法瑞尔（Farrell）关于效率的思想，查恩斯（Charnes）、库珀（Cooper）和罗德（Rhodes）提出了数据包络分析方法，将对经济主体效率的评价扩展到多投入多产出的情形，其求解生产前沿面的基本方法是借助数学线性规划模型①。该方法的基本原理是，根据数据自身分布的特征，自动生成一个现有生产技术水平条件下可能达到的最大产量边界，然后将所有观测样本数据与该边界进行比较，从而实现对经济主体效率的分析。运用 DEA 模型评价财政支持模式技术效率的优势在于：

第一，同传统的方法相比，DEA 可以用于多输入多输出的非营利性系统的评价，如医院、学校及其他公共服务部门的评价。对于非营利的公共服务部门，不能简单地利用利润最大化来对它们进行评价，DEA 评价方法能满足公共服务部门追求目标的多样性和弹性，有利于公共服务部门在追求目标多样性过程中产生的多产出与多投入间的相对有效性评价。

第二，DEA 方法最大的特点是无须对系统的输入输出之间进行任何形式的生产函数假定，同时 DEA 不要求所有的决策单元（Decision Making Unit，DMU）采用同一生产函数形式，故它满足"多元最优化准则（principle of multiple optimization）"，每一个 DMU 皆可以通过调整自己的生产结构来达到效率最大化。DEA 依靠每个单元的实际观测数据，利用线性规划技术将有效的单元线性组合起来，构造出"悬浮"在整个观测样本点上的分段超平面即生产前沿面，并由此评估每个单元的相对效率。DEA 构造的生产前沿面包络全部数据观测点，它反映了生产系统输入输出之间的最优关系。

新型城镇化建设财政支出与最大产出之间不一定存在有明确的数学关系，要寻求特定的生产函数不容易，而 DEA 效率评价模型，将所有 DMU 的投入与产出项投影到几何空间中，以寻求最低投入或最大产出作为边界。当某个 DMU 落在边界上，则视 DMU 为最有效率的单位，其相对效率为 1，表示在其他条件不变的条件下，该 DMU 无法减少投入，或增加产出；若 DMU 落在边界内，则该 DMU 为无效率的单位，而给予一个介于 0 到 1 之间的效率指标，表示在产出不变的情况下，可降低投入，或是在投入不变的情况下，可增加产出。经济学上运用生产函数时，要先对各投入项或产出项预设函数关系，但 DEA 模型却是透过相对比较的观念，找出

---

① Charnes, Cooper, Rhodes. Measuring the efficiency of decision-making units [J]. European Journal of Operational Research, 1978, 12: 429 – 444.

每个 DMU 的加权产出和与加权投入和之间的比值，进而决定其效率值。

第三，它具有单位不变性（unit invariant）的特点，即 DEA 衡量 DMU 的效率不受投入产出数据所选择单位的影响。由于对量纲没有严格要求，因此不做无量纲化处理。

第四，DEA 巧妙地构造目标函数，并将一个分式规划问题转化为线性规划问题，通过最优化过程来确定投入产出变量的权重，不需要事前设定投入与产出的权重，从而使对一组决策单元的评价更具客观性，不受人为主观因素的影响。

对于新型城镇化建设财政支出这一复杂系统，各指标之间难于比较，由于支出目标的多元性与冲突性，各输入输出之间关系极其复杂，而应用 DEA 方法则不必确定这种函数关系，这就排除了许多主观因素，不仅增强了评价结果的客观性，而且还会使问题得到简化。

第五，DEA 通过对多种输入输出数据的综合分析，比较决策单元 DMU 间的相对效率，据此将各 DMU 定级排序，确定有效的（即相对效率最高的）DMU，并指出其他 DMU 非有效的原因和程度，给评价部门提供管理信息。同时，DEA 还能判断各 DMU 的投入规模是否恰当，通过对输入输出指标进行适当调整，给出各 DMU 调整投入规模的正确方向和程度。政府部门可以通过 DEA 有效性评价进行横向比较和分析，调整新型城镇化建设财政支出的规模和方向。

DEA 通过设立的线性规划模型，得出的是相对有效的方法。这个相对有效比绝对有效更有实际意义，因为对一定系统，大量管理运筹学的实际应用研究已经说明，任何生产效率都不可能达到最优，实际的生产只能追求适合本系统中的生产状况的"满意"效率。DEA 则提供了这种"满意"解，给出了适合系统发展方向、相对系统现有发展水平可能达到的效率改进目标。运用 DEA 模型测度效率应注意的问题：

第一，要求决策单元 DMU 具有相同的投入、产出指标，从经验和技术要求上看，选取的决策单元个数应不少于输入输出指标总数的两倍。

第二，模型中输入输出指标的选择必须满足模型的应用条件，同时能客观反映研究对象的基本特性，而且从技术上应避免各投入指标之间及各产出指标之间具有较强的线性关系。

6.2 财政支持联动模式的 DEA 模型构建

DEA 应用广泛，适用性强，与传统方法相比，具有避免指标量纲不一致、客观性强、可用来估计多投入多产出系统的"生产函数"等。新型城镇化建设包含广泛的范围，其投入产出包含内容较多，并且因各领域之间差别较大，因此本书采用 DEA 的 CCR 模型和 DEA 的"超效率（super-efficiency）"模型，分析研究新型城镇化建设财政投入产出绩效，可避免新型城镇化各过程和各领域本身差别导致的分析结果误差，具有较高的可行性。

6.2.1 DEA 模型有效性判断及其经济含义

DEA 是使用数学规划模型来评价具有多个输入和多个输出的部门或单位（称为决策单元，简记为 DMU）间的相对有效性（称为 DEA 有效）。

设 n 个决策单元（$j=1, 2, \cdots, n$），每个决策单元有相同的 m 项投入，输入向量为 $x_j = (x_{1j}, x_{2j}, \cdots, x_{mj})^T > 0$，$j=1, 2, \cdots, n$，每个决策单元有相同的 s 项产出，输出向量为 $y_j = (y_{1j}, y_{2j}, \cdots, y_{sj})^T > 0$，$j=1, 2, \cdots, n$，即每个决策单元有 m 种类型的"输入"及 s 种类型的"输出"。x_{ij} 表示第 j 个决策单元对第 i 种类型输入的投入量；y_{ij} 表示第 j 个决策单元对第 i 种类型输出的产出量。

为将所有的投入和所有的产出进行综合统一，需要对每一个输入和输出进行赋权，设输入和输出的权向量为：$v = (v_1, v_2, \cdots, v_m)^T$，$u = (u_1, u_2, \cdots, u_s)^T$。$v_i$ 为第 i 类型输入的权重，u_r 为第 r 类型输出的权重。这时，则第 j 个决策单元投入的综合值为 $\sum_{i=1}^{m} v_i x_{ij}$，产出的综合值为 $\sum_{r=1}^{s} u_r y_{rj}$，定义每个决策单元 DMU_j 的效率评价指数：

$$h_j = \frac{\sum\limits_{r=1}^{s} u_r y_{rj}}{\sum\limits_{i=1}^{m} v_i x_{ij}} \qquad (6.1)$$

模型中 x_{ij}，y_{ij} 为已知数（可由历史资料或预测数据得到），于是问题实际上是确定一组最佳的权向量 v 和 u，使第 j 个决策单元的效率值 h_j 最大。这个最大的效率评价值是该决策单元相对于其他决策单元来说不可能更高的相对效率评价值。限定所有的 h_j 值（j = 1，2，…，n）不超过 1，即 $\max h_j \leq 1$。这意味着，若第 k 个决策单元 $h_k = 1$，则该决策单元相对于其他决策单元来说生产率最高，或者说这一系统是相对而言有效的；若 $h_k < 1$，那么该决策单元相对于其他决策单元来说，生产率还有待于提高，或者说这一生产系统还不是有效的。根据上述分析，构造以下 C^2R 模型：

$$\max h_{j_0} = \frac{\sum\limits_{r=1}^{s} u_r y_{rj_0}}{\sum\limits_{i=1}^{m} v_i x_{ij_0}}$$

$$s.\,t. \begin{cases} \dfrac{\sum\limits_{r=1}^{s} u_r y_{rj}}{\sum\limits_{i=1}^{m} v_i x_{ij}} \leq 1,\ j = 1,\ 2,\ \cdots,\ n \\[4mm] v = (v_1,\ v_2,\ \cdots,\ v_m)^T \geq 0 \\[2mm] u = (u_1,\ u_2,\ \cdots,\ u_s)^T \geq 0 \end{cases} \qquad (6.2)$$

令 $t = \dfrac{1}{\sum\limits_{i=1}^{m} v_i x_{ij_0}}$，$\mu_r = t u_r$，$w_i = t v_i$，则式（6.1）转化为线性规划模型：

$$\max h_{j_0} = \mu^T Y_0$$

$$s.\,t. \begin{cases} \mu^T Y_j - w^T X_j \leq 0 \\ w^T X_0 = 1 \qquad j = 1,\ 2,\ \cdots,\ n \\ w \geq 0,\ \mu \geq 0 \end{cases} \qquad (6.3)$$

根据线性规划对偶理论，通过建立式（6.3）的对偶模型，并引入松弛变量 s^+ 和剩余变量 s^-，将上述不等式约束化为等式约束：

$$\min\theta$$

$$
\text{s. t.}
\begin{cases}
\sum\limits_{j=1}^{n} \lambda_j x_j + s^+ = \theta x_0 \\
\sum\limits_{j=1}^{n} \lambda_j y_j - s^- = y_0 \\
\lambda_j \geqslant 0,\ j = 1,\ 2,\ \cdots,\ n \\
\theta\ \text{无约束}\ s^+ \geqslant 0,\ s^- \geqslant 0
\end{cases}
\tag{6.4}
$$

C^2R 模型中，θ 为该决策单元 DMU_0 的有效值（指投入对于产出的有效利用程度）；X_i 为 DMU_i 的投入要素集合，可由（X_{i1}，X_{i2}，$\cdots$，X_{im}）表示；Y_i 为 DMU_i 的产出要素集合，由（Y_{i1}，Y_{i2}，$\cdots$，Y_{ip}）表示；λ 为相对于 DMU_0 重新构造的一个有效 DMU 组合中第 i 个决策单元 DMU_0 的组合比例。则上述模型的经济含义为：

（1）若 $\theta^* = 1$，且 $s^{*+} = 0$，$s^{*-} = 0$，则决策单元 DMU_{j_0} 为 DEA 有效，即在原线性规划的解中存在 $w^* > 0$，$\mu^* > 0$，并且其最优值 $h_{j_0}^* = 1$。此时，决策单元 DMU_{j_0} 的生产活动同时为技术有效和规模有效。

（2）当原线性规划的最优值 $h_{j_0}^* = 1$，且至少有某个输入或者输出松弛变量大于零，则称 DMU_{j_0} 为弱 DEA 有效，它不是同时技术有效和规模有效。

（3）若 $\theta^* < 1$，决策单元 DMU_{j_0} 不是 DEA 有效。其生产活动既不是技术效率最佳，而不是规模效率最佳。

6.2.2 DEA 方法中的规模收益值

DMU 的规模收益情况可用 C^2R 模型中 λ_j 的最优值来判别。

（1）若存在 λ_j^*（$j = 1$，2，$\cdots$，n），使 $\sum \lambda_j^* = 1$ 成立，则 DMU_{j_0} 为规模效益不变，此时 DMU_{j_0} 达到最大产出规模点；

（2）若不存在 λ_j^*（$j = 1$，2，$\cdots$，n），使 $\sum \lambda_j^* = 1$ 成立，则若 $\sum \lambda_j^* < 1$，那么 DMU_{j_0} 为规模效益递增，且 $\sum \lambda_j^*$ 值越小规模递增趋势

越大，表明在 DMU_{j_0} 投入 X_{j_0} 的基础上，适当增加投入量，产出量将有更高比例的增加；

（3）若不存在 λ_j^*（$j = 1，2，\cdots，n$），使 $\sum \lambda_j^* = 1$ 成立，则若 $\sum \lambda_j^* > 1$，那么 DMU_{j_0} 为规模效益递减，且 $\sum \lambda_j^*$ 值越大规模递减趋势越大，表明在 DMU_{j_0} 投入 X_{j_0} 的基础上，增加投入量不可能带来更高比例的产出，此时没有再增加决策单元投入的必要性了。

6.2.3　投入冗余率和产出不足率的界定

设投入冗余率为 α_{ij}，且 $\alpha_{ij} = S_{ij}^- / X_{ij}$，它表示该分量指标可节省的比例。同样地设 $\beta_{ij} = S_{ij}^+ / Y_{ij}$，则 β_{ij} 称为产出不足率，它表示该分量指标应增加比例。

比较一个经济系统中不同年份的投入冗余率或产出不足率可动态地反应该经济系统有哪些方面有所改善和哪些方面还需要加强管理。还可分析同一时期内相关经济系统间的投入冗余率、产出不足率，并进行横向比较。

6.3　样本数据与研究设计

根据 DEA 模型的方法特性，确定 DEA 模型的评价决策单元。同时，以第五章所构建的新型城镇化建设财政支持联动模型评价体系为基础选取投入产出指标，并明晰各指标的数据统计来源。

6.3.1　决策单元的选择

DEA 方法的基本功能是对投入产出效率的评价，特别是进行多个同类样本间的"相对优劣"的评价，因此选择 DMU 的一个基本要求就是 DMU 同类型。可以选取山东省各地市作为 DEA 评价的决策单元，通过横向比较分析山东省各地市新型城镇化建设财政投入产出的绩效，进而得出山东省新型城镇化建设财政支持模式的优劣。由于我国整体上对新型城镇化数据统计工作滞后于新型城镇化的发展，部分地市数据难以取得，本书将利用山东省统计局及山东省财政厅提供的 17 个地市 2015 年投入产出表数据作为 DMU，具体包括：济南市、青岛市、淄博市、枣庄市、东营市、烟台市、潍坊市、济宁市、泰安市、威海市、日照市、莱芜市、临沂市、德州市、聊城市、滨州市、菏泽市。

6.3.2　投入产出变量选择与数据来源

DEA 系统的评价指标不同，其有效性的评价结果也将不同，因此，选择评价指标时应要考虑如下几点：能够实现评价目的、能全面反映评价目的、输入向量与输出向量具有联系。而新型城镇化建设财政支持系统是一种多输入和多输出的复杂系统，其输入包括人、财、物这种可定量计算的有形因素，也包括国家政策支持等无形因素；在输出方面，既包括对社会的间接效益也包括对经济发展的直接效益。

本书以所构建的新型城镇化建设财政支持联动模式评价指标体系为依据，根据数据口径的统一性、可比性、可得性原则，同时考虑决策单元数与指标数之间的比例关系，选取如下输入、输出指标，其中输入指标包括新型城镇化建设支出总额、新型城镇化建设支出占 GDP 比重、新型城镇化建设支出占财政支出比重；输出指标包括非农产业增加值占 GDP 比重、人均地区生产总值、人均道路面积、高新技术产业总产值占比、非农产业从业人员比重、恩格尔系数、万元 GDP 能耗降低率、城乡居民收入差异度。

本书利用 2015 年山东省各地市投入产出表及 2015 年《中国统计年鉴》《山东省统计年鉴》等相关数据进行分析。财政支出额为 2015 年山东省各地市财政投入新型城镇化建设的金额，输出指标的相关数据均来自山东省各地市 2015 年新型城镇化建设投入产出统计数据。由于各指标的数据口径统一，且具有可比性，因此对统计结果并无太大影响，具体数据如表 6.1 所示。

表 6.1　新型城镇化建设财政投入绩效 DEA 分析模型 DMU 输入输出数据

地市	输入指标			输出指标		
	新型城镇化支出总额（万元）	新型城镇化支出占 GDP 比重（%）	新型城镇化支出占财政支出比重（%）	非农产业增加值占 GDP 比重（%）	非农产业从业人员比重（%）	人均地区生产总值（元）
济南	3749604	9.93	72.20	94.6	48.51	74994
青岛	7363744	12.67	72.60	95.6	48.17	89797
淄博	2230440	8.54	68.73	96.4	46.85	82889
枣庄	1344709	11.35	64.71	91.8	34.26	48346
东营	1456049	7.15	62.69	96.4	50.66	156356
烟台	3752526	9.65	69.27	92.5	43.73	80357
潍坊	3499294	11.17	70.84	90.2	32.18	47943
济宁	2981826	12.23	69.62	88	24.43	42796
泰安	1685273	9.28	65.05	90.7	28.96	50296
威海	1785711	10.35	67.64	92	49.70	91010
日照	1063019	10.55	67.18	91.3	30.28	52778
莱芜	507094	11.60	66.89	92.4	35.99	49390
临沂	3035256	12.15	74.85	90.3	19.69	32902
德州	1925972	10.87	72.04	88.9	24.91	43542
聊城	1875327	10.92	72.62	87.9	20.14	40084
滨州	1780725	11.68	70.75	90.2	30.94	56771
菏泽	2417382	15.62	75.49	87.5	19.26	24542

地市	输出指标				
	人均道路面积（平方米）	高新技术产业总产值占比（%）	恩格尔系数	万元 GDP 能耗降低率（%）	城乡居民收入差异度
济南	24.92	40.56	0.34	8.75	2.69
青岛	24.65	39.94	0.35	5.19	2.24
淄博	23.29	29.6	0.34	7.87	2.22
枣庄	25.5	17.4	0.34	2.21	2.32
东营	34.49	33.49	0.31	−3.36	2.61
烟台	22.27	40.05	0.38	−2.70	2.20
潍坊	27.22	28.99	0.29	−1.46	2.14
济宁	31.64	23.64	0.37	4.76	2.46
泰安	25.73	24.24	0.36	0.02	2.44

续表

地市	输出指标				
	人均道路面积 （平方米）	高新技术产业 总产值占比 （％）	恩格尔系数	万元 GDP 能耗 降低率 （％）	城乡居民收入 差异度
威海	31.8	36.61	0.34	6.44	2.02
日照	27.35	17.97	0.36	7.50	2.22
莱芜	27.94	17.39	0.36	−0.96	2.40
临沂	21.43	24.67	0.37	−3.72	2.92
德州	34.86	25.4	0.34	3.37	2.28
聊城	32.9	21.5	0.37	4.63	2.59
滨州	20.49	25.13	0.29	−0.04	2.50
菏泽	19.25	30.01	0.39	−4.01	2.28

6.4　CCR 和 BCC 模型结果分析

在对表 6.1 中的统计数据进行预处理的基础上，运用 CCR 和 BCC 模型求解山东省 17 地市新型城镇化建设的财政支持效率，并对模型结果做进一步讨论。

6.4.1　决策单元的效率测算

根据上述统计数据，对 C^2R 模型求解结果详见表 6.2。从计算结果看，新型城镇化建设财政支持模式相对有效率的地市有 10 个，分别是济南、淄博、枣庄、东营、烟台、潍坊、威海、日照、莱芜、滨州。以上结果说明这些地市的新型城镇化建设财政支出得到了充分利用，获得了较好的财政支持效果，体现出新型城镇化建设财政投入产出的相对最优性。同时也表明，相对于其他地市，这 10 个地市的资源配置状态相对合理，配置效率相对最优。青岛和德州两市的为弱 DEA 有效，其纯技术效率（纯技术产率值等于 1）是有效的，但规模效率（规模效率值小于 1）是无效的。此外，非 DEA 有效的地市共有 5 个，包括济宁、泰安、临沂、聊城、菏泽，属于纯技术效率和规模效率均无效，这与实际情况基本一致。

表 6.2　　　　　　　山东省 17 地市技术效率和规模效率

地区	排序	综合效率值	纯技术效率值	规模效率值	评价结论
济南	1	1.00	1.00	1.00	DEA 相对有效
青岛	11	0.99	1.00	0.99	弱 DEA 有效，规模收益递增
淄博	1	1.00	1.00	1.00	DEA 相对有效
枣庄	1	1.00	1.00	1.00	DEA 相对有效
东营	1	1.00	1.00	1.00	DEA 相对有效
烟台	1	1.00	1.00	1.00	DEA 相对有效
潍坊	1	1.00	1.00	1.00	DEA 相对有效
济宁	14	0.94	0.96	0.98	非 DEA 有效，规模收益递增
泰安	13	0.95	0.98	0.97	非 DEA 有效，规模收益递增
威海	1	1.00	1.00	1.00	DEA 相对有效
日照	1	1.00	1.00	1.00	DEA 相对有效
莱芜	1	1.00	1.00	1.00	DEA 相对有效
临沂	17	0.78	0.84	0.93	非 DEA 有效，规模收益递增
德州	12	0.97	1.00	0.97	弱 DEA 有效，规模收益递增
聊城	15	0.93	0.95	0.98	非 DEA 有效，规模收益递增
滨州	1	1.00	1.00	1.00	DEA 相对有效
菏泽	16	0.83	0.86	0.97	非 DEA 有效，规模收益递增

注：表中综合效率指不考虑规模收益时的技术效率；纯技术效率指考虑规模收益时的技术效率；规模效率指考虑规模收益时的规模效率，综合效率值 = 纯技术效率值 × 规模效率值。

6.4.2　非 DEA 有效决策单元投影分析

对于非 DEA 有效的决策单元，可以结合该决策单元原有的投入和产出规模，计算出无效单元的投入冗余率和产出不足率，据此客观分析无效单元资源配置的不合理之处，明确在新型城镇化建设财政投入和支出中存在的不足。非 DEA 有效决策单元投影分析结果如表 6.3 所示。

表 6.3　非 DEA 有效决策单元投影分析

地区	投入冗余（投入冗余率%）			产出不足（产出不足率%）							
	新型城镇化支出总额（万元）	新型城镇化支出占财政支出比重（%）	新型城镇化支出占GDP比重（%）	人均地区生产总值（元）	非农产业增加值占GDP比重（%）	人均道路面积（m²）	高新技术产业总产值占比（%）	非农产业从业人员比重（%）	恩格尔系数	万元GDP能耗降低率（%）	城乡居民收入差异度
青岛	4258876.1448 (57.84)	0	0.0235 (18.52)	0	0.9511 (0.99)	3.6659 (14.87)	0	1.5510 (3.22)	0.1259 (4.39)	0	0
济宁	1109234.8547 (37.20)	0	0.0185 (15.16)	56456.0869 (131.92)	3.0266 (3.44)	0	11.8476 (50.12)	24.5337 (50.12)	0.2322 (8.67)	0	0.0638 (15.71)
泰安	84648.8665 (5.02)	0	0.0078 (8.36)	74720.5783 (148.56)	0	6.2971 (24.47)	9.0342 (37.27)	19.2239 (66.39)	0.1911 (6.86)	0.2729 (5.44)	0
临沂	1017436.2507 (33.52)	0	0.0284 (23.38)	113560.1037 (345.15)	0	10.8775 (50.76)	6.7008 (27.16)	27.7697 (141.04)	0.3062 (11.25)	0.2520 (19.66)	0.0157 (4.57)
德州	100522.3274 (5.22)	0	0.0079 (7.28)	78530.9389 (180.36)	10.6441 (11.97)	0	12.3274 (48.53)	28.3198 (113.70)	0.2365 (7.92)	0	0.0450 (10.26)
聊城	1771.3287 (0.09)	0	0.0031 (2.88)	65861.5688 (164.31)	6.5908 (7.50)	0	15.1052 (70.26)	30.6175 (152.04)	0.2911 (10.63)	0	0.0945 (24.46)
菏泽	398773.3601 (16.50)	0	0.0395 (25.29)	76726.7070 (312.63)	0	11.2765 (58.58)	3.6345 (12.11)	27.6668 (143.65)	0.2330 (9.03)	7.3887 (743.01)	0

　　青岛和德州属于弱 DEA 有效，说明已接近资源利用的相对最优状态，但还有改进的余地。以青岛为例，它可以在保持原有产出不变的情况下，减少新型城镇化支出总额，降低新型城镇化支出占 GDP 比重；也可以在保持现有投入水平情况下，非农产业增加值占 GDP 比重提升0.95％，人均道路面积增加 3.67 平方米，非农产业从业人员比重提高1.55％，恩格尔系数提高 0.13。新型城镇化支出总额和新型城镇化支出占 GDP 比重的投入冗余率分别为 57.84％ 和 18.52％；产出不足率从高到低依次为人均道路面积（14.87％）、恩格尔系数（4.39％）、非农产业从业人员比重（3.22％）、非农产业增加值占 GDP 比重（0.99％）。说明青岛市公共财政支持要达到 DEA 有效，必须提升财政投入的利用效率和产出效率，其次重点改善城镇基础设施及城镇居民生活质量。从规模收益情况看，青岛（1.02）和德州（0.97）均为规模收益递增，说明两市可通过适当增加公共财政投入的方式提高新型城镇化建设水平。

　　济宁、泰安、临沂、聊城和菏泽五个地市的财政支持为非 DEA 有效，且规模收益均为递增。该分析结果表明济宁、泰安、临沂、聊城和菏泽五市新型城镇化建设财政支持相对不足，通过增加各项财政投入来提高新型城镇化产出的效果明显。同时，这些地市由于财政投入产出规模过小，特别是在人均地区生产总值、高新技术产业总产值占比、非农产业从业人员比重、万元 GDP 能耗降低率方面的产出能力很低，使得财政投入配置效率较低。尤其是菏泽、临沂两地，新型城镇化建设的财政投入产出规模处于全省偏低水平，资源配置效率远远低于全省其他地市。菏泽市万元 GDP 能耗降低不足率高达 743.01％，临沂市人均地区生产总值不足率高达345.15％，聊城市非农产业从业人员比重不足率高达152.04％，聊城市高新技术产业总产值占比不足率也高达 70.26％。说明这些地市在上述财政投入产出方面存在严重不足，同时也揭示出山东省各地市之间的新型城镇化建设财政支持水平存在较大差距。

6.5　SBM 模型下决策单元效率分析

由于传统 DEA 模型（CCR 和 BCC 模型）是基于 Farrell 效率测度思想且同属于径向和线性分段形式的度量理论[①]，这种度量思想主要是它的强可处置性确保了效率边界或无差异曲线的凸性，但却造成了投入要素的"拥挤"（congestion）或"松弛"（slacks）[②]。若对要素松弛因素的影响不加重视，则可能会直接造成效率测度的偏误。为了解决投入和产出的松弛问题，Kaoru Tone 提出一个基于投入松弛测度的解决模型，称为 SBM（slacks-based measure）模型，该模型很好地解决了传统模型存在的缺陷。由于 SBM 模型充分考虑了投入和产出的松弛，Kaoru Tone 证明了 SBM 有效当且仅当 CCR 也有效（松弛为 0），并且 SBM 的效率小于或等于 CCR 的效率。但是在大部分 DEA 模型（包括 SBM 模型）中，普遍存在的一个问题是往往有效率（等于 1）的决策单元不止一个，即存在着一个以上的有效单元。因此进一步区分这些有效率的生产单元成为一项必须面对的问题，即有效单元的排序问题。许多研究者进行过有益的尝试，他们区分这些有效单元的一个办法是允许效率值大于 1 或等于 1，而不在限制等于 1[③]，因此称为超效率（supper efficiency）。从超效率的研究进展来看，较成功地解决此类问题的主要是 Tone 在 SBM 模型的基础上提出的 SBM 超效率模型。

6.5.1　SBM 模型的效率值测算

利用 DEA 中的 SBM 模型对 2015 年度山东省 17 个地市数据进行测算，

---

①　Pastor, J. T. , Ruiz. J. L. An Enhanced DEA Russell Graph Efficiency Measure [J]. EuroPeon Journal of Operational Research, 1999 (15): 596 –607.

②　Ahn, T. , Charnes A. , Cooper W. W. Efficiency Characterizations in Different DEA Models [J]. Socio – Economic Planning Sciences, 1988 (22): 253 –257.

③　Kumbhakar, S. C. , Lovell, C. Stochastic Frontier Analysis [M]. Cambridge: University Press, 2000: 200 –224.

在计算过程中使用 SBM 中输入偏好的规模报酬不变（SBM – I – C）和规模报酬可变（SBM – I – V），并比较其结果，如表 6.4 所示。

表 6.4　山东省 17 地市 SBM – I – C 和 SBM – I – V 效率值比较分析

地区	技术效率（V）	技术效率（C）	V – C	地区	技术效率（V）	技术效率（C）	V – C
济南	1.0000	1.0000	0	威海	1.0000	1.0000	0
青岛	1.0000	0.7204	0.2796	日照	1.0000	1.0000	0
淄博	1.0000	1.0000	0	莱芜	1.0000	1.0000	0
枣庄	1.0000	1.0000	0	临沂	0.6351	0.5949	0.0402
东营	1.0000	1.0000	0	德州	1.0000	0.9133	0.0867
烟台	1.0000	1.0000	0	聊城	0.9429	0.8829	0.0599
潍坊	1.0000	1.0000	0	滨州	1.0000	1.0000	0
济宁	0.7662	0.7576	0.0087	菏泽	0.6799	0.6749	0.0051
泰安	0.8809	0.8765	0.0044				

观察规模报酬可变和不变下的单元格的技术效率的平均值发现规模报酬可变下的技术效率明显高于规模报酬不变下的技术效率。此外通过对比表 6.4 与 6.2 可以发现，当决策单元为规模报酬递增时，规模报酬可变下的 SBM 效率值就比规模报酬不变下的 SBM 效率值高。由此可得 BCC 模型在区分规模报酬时与 SBM 是一致的。

6.5.2　效率值为 1 的决策单元的排序比较

在表 6.2 及表 6.4 的 DEA 有效性判断中，有 10 个决策单元技术效率值均为 1，无法进一步比较这些地市之间的效率差异。因此，本部分引入 Tone 提出的 SBM（supper efficiency）超效率模型，测算结果如表 6.5 所示。

表 6.5　　　　　　　　　　改进后 DMU 的技术效率值及排名

地区	技术效率	排名
济南	1.0853	6
淄博	1.1057	5
枣庄	1.0032	8
东营	2.1500	1
烟台	1.0211	7
潍坊	1.0005	9
威海	1.1682	4
日照	1.3203	3
莱芜	1.4365	2
滨州	1.0004	10

上述 10 个技术有效的地市均表现了较高的纯技术效率水平。这 10 个地市在改进计算过程中，是以效率值 1 为标准，所以改进方向也是这样，各地市的改进幅度（百分比）如表 6.6 所示（输入偏好下的输入指标改进比例和输出偏好下的输出指标改进比例），其中正数为需要增加的百分数，负数为需要减少的百分数，不需要改进的指标为空。

通过对比表 6.6 中的数据可以得出制约上述地市财政支持新型城镇化建设的效率值及排名的关键因素。例如，日照、威海等部分地市在输入输出指标中，输入指标更具有潜力，表明这些地市的经济发展模式是集约型、环保型的。而东营、莱芜等地市在输入输出指标中，输出指标更具有潜力，表明该市在资源综合利用和能源消耗总量等方面已经远远超过了生产前沿面的最低要求，即该市在资源投入方面所做工作较多，能源消耗总量相对于当地的经济发展已经超额。

而在 SBM 的超效率模型下的各地市 DEA 效率值也呈现出一定的阶梯状排列，同时通过观察也可发现相邻的地市在地理位置、经济发展方式、经济发展水平方面有很大的相似性，如图 6.1 所示。

表 6.6　有效 DMU 在 Super – SBM 下的改进比例

地区	输入指标（%）			输出指标（%）							
	新型城镇化支出总额	新型城镇化支出占财政支出比重	新型城镇化支出占GDP比重	人均地区生产总值	非农产业增加值占GDP比重	人均道路面积	高新技术产业总产值占比	非农产业从业人员比重	恩格尔系数	万元GDP能耗降低率	城乡居民收入差异度
济南		9.57	16.02				-14.26			-6.06	
淄博		5.04	26.67		-4.52					-40.52	-13.01
枣庄		0.95									-1.62
东营	110.70	85.36	148.93	-58.35	-27.85	-38.88	-25.07	-28.88	-32.56		-7.32
烟台		6.32					-6.00				
潍坊		0.15							-0.29		
威海		22.36				-2.77	-12.10			-40.61	-13.68
日照	88.75	7.35			-0.19					-44.01	-4.57
莱芜	130.94			-27.93	-56.71	-54.62	-44.38	-56.69	-54.52		-55.41
滨州		0.13							-0.13		

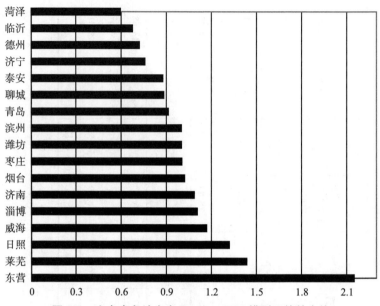

图 6.1　山东省各地市在 Super – SBM 模型下的效率值

第7章 新型城镇化建设财政支出绩效评价平台设计

通过对新型城镇化建设财政支持模式及支持效应进行理论分析和实证检验，对于地方政府支出绩效水平、绩效来源以及影响地方政府财政支出的各类因素有了清晰的认识，并对财政支出绩效水平和支出绩效的效果和存在的问题进行了较为深入的分析。据此，本章将应用信息化技术构建新型城镇化建设财政支出绩效评价平台，为各级政府财政支出控制提供更有针对性的改革方案，提高各级政府支出管理水平，保障财政支出绩效的有效实现。

7.1 新型城镇化建设财政支出绩效评价平台建设现状及必要性

新型城镇化建设的财政支出绩效评价相对比较复杂，评价对象包含新型城镇化建设不同层面不同类型的财政支出资金，评价主体涉及政府、部门、项目、公众、专家、第三方机构等，评价指标中非结构化数据较多，难以量化处理。因此，借助大数据技术及信息化平台，能够较好地解决新型城镇化建设财政支出绩效评价工作中存在的问题，提升绩效评价效率。

7.1.1 财政支出绩效评价平台建设现状

随着信息全球化和政府管理信息化的推进，财政信息化建设已取得了长足进展。我国从 2001 年开始在湖北、湖南等地进行财政支出绩效评价工作试点，2002 年开始在中央级教科文部门进行了项目支出绩效评价试点，到现在财政支出绩效评价工作已经逐步在行政管理、农业、教育、科研、经济建设、社会保障等公共支出领域展开。如在建立系统的绩效评价指标方面，一些地方在财政支出绩效评价实践中，按照短期效益与长期效益相结合、定量与定性相结合、统一与专门指标相结合的原则，分别建立了公共支出对教育、农业、卫生等分类支出评价指标体系。

目前我国各地市财政支出绩效评价工作稳步推进，许多地市已经开始尝试建设财政支出绩效评价的信息平台，逐渐实现了对财政收支各项目绩效评价信息系统的构建，北京、上海、广东、浙江、江苏等省份在这方面处于领先的地位。例如早在 2008 年，广东省已经开始针对一些专项资金项目尝试采用基于层次分析模型的 Excel 工具进行绩效评价的信息系统开发，逐步建立起财政专项资金绩效评价信息平台，积极开展信息平台的建设研究，北京则建立了主要由项目库、专家库、基础信息库系统、绩效评价数据库和绩效评价业务平台组成的财政支出绩效管理信息系统。目前的绩效评价系统一般包括绩效目标申报模块、绩效跟踪模块、绩效评价模块等模块，完成绩效评价的基本功能。然而，现有平台存在的突出问题是缺乏规范的、统一的、可共享的财政支出数据体系，包括各被评价项目的基础数据、各类评价指标数据和针对各类评价项目的评价标准数据。因此充分利用信息技术，逐步加强财政支出绩效评价数据体系建设，建立财政支出绩效评价平台，对扎实推进新型城镇化建设及其财政支出绩效评价工作具有重要意义。

7.1.2 财政支出绩效评价平台建设的必要性

由于新型城镇化建设财政支出绩效评价的特点决定了采用人工的方式进行评价几乎是不可能的，且涉及部门、单位较多，关系复杂，评价主体、评价对象繁多、数据量大等，使得建立信息平台进行财政支出绩效评价势在必行。

1. 财政绩效评价工作的信息化需求不断增长

绩效评价信息系统的开发与绩效评价业务的发展研究有着密切联系，该信息系统不仅需要实现绩效评价管理功能，还要求能提供按照财政支出功能科目"类、款、项"分类的绩效评价指标体系，以支持绩效目标的申报及绩效评价等业务。目前，各地实施的财政支出绩效评价平台还存在诸多不足。比如，注重资金支出结果而忽略过程，对数据进行统计而缺乏深度分析，注重结构化数据而对非结构化数据挖掘不足，与金财工程平台、电子政务平台等已有系统数据交换困难，评价结果应用尚不完善等。这一切都使得财政支出绩效评价综合服务平台的开发成为迫在眉睫的工作。

2. 数据收集及处理分析的时效性和准确性要求

建立财政支出绩效评价平台，能够同时从各个部门及资金使用单位收集数据，由系统根据预设程序进行统计分析，自动生成评价报告，同时与财政部门数据库及电子政务系统进行对接，使得数据收集、处理、统计分析及报告一气呵成，提高了数据处理的时效性，为财政决策提供更好地决策参考。

3. 避免主观因素的干扰，使评价结果更具权威性

采用人工方式进行财政支出绩效评价，评价过程或多或少都会受到评价者的影响，带有主观色彩。同时手工统计汇总数据过程中难免出现人为计算差错，导致汇总数据和项目实际执行情况出现偏差。采用信息平台的方式进行评价，按照既定的标准由计算机系统自动进行评价并生产报告，这种方式减少了整个过程人员的参与，同时增强了评价结果的客观公正性。

4. 有助于提升数据挖掘深度和信息价值

新型城镇化建设财政支出资金项目面广量多，对项目用款单位自评材料的汇总工作量大，审核和汇总工作难度大，利用大数据思想、数据挖掘工具对评价数据进行处理，能够有效汇总和分析非结构化数据，采用深度学习的思想对数据进行挖掘则会得出更加有价值的信息，更好地为政府决策提供数据参考。

5. 推动平台间信息共享及评价结果应用

由于缺乏有效的绩效审计、绩效沟通与反馈制度，新型城镇化建设财政支持项目执行与立项的反馈作用不强，绩效评价未纳入预算分配和管理的全过程，在财政支出资金分配中，仍未体现"绩效优先"的理念。建立财政支出绩效评价平台，实现与财政部门现有的预算管理、财务管理，主管部门的项目管理、绩效管理，政府的电子政府平台，企业的 ERP 等现有系统的有效连接及数据共享，在更有效的收集数据的同时能够将评价结果及时反馈到各个系统中，为问题诊断和改进、决策参考及管理水平提高等提供依据。

因此，构建面向全社会的新型城镇化建设财政支出绩效评价平台，涵盖评价指标数据、评价标准数据、被评价项目基础数据、评价方法数据、绩效评价计算过程及评价结果数据发布等各个环节，能够对财政支出进行更及时有效的监控，提升财政支出使用效益，提高政府决策的科学性和准确性。

7.2　新型城镇化建设财政支出绩效评价平台可行性分析

新型城镇化建设财政支出绩效评价平台是地方政府支出绩效控制系统的重要环节，对于具体指导地方政府新型城镇化建设支出管理提供地方政府支出控制的具体依据，具有重要的作用和意义。因此，新型城镇化建设财政支出绩效评价平台将包含财政资金申报、管理到支出的全过程，涉及的部门好单位众多，处理的数据量不仅巨大而且结构复杂，平台构建必须满足创新性、整体性、跨平台性、经济实用性等原则。

7.2.1　财政支出绩效评价平台的可行性

由于新型城镇化建设财政支出绩效评价平台涉及全国各级政府新型城

镇化建设各类支出项目，财政支出金额巨大，影响面较广。在建立完善的财政支出绩效评价平台的过程中，需要总体规划、分步实施，保障新型城镇化建设财政支出绩效评价平台的有效性和可行性。

1. 环境可行性分析

财政管理是政府为了履行职能，通过筹集、分配、管理社会资源，并完成承担的公共职能和任务的活动。它包括积极组织财政收入，合理安排财政支出，以及制定实施财政政策等一系列管理活动的总称。目前，在组织财政收入、实施财政政策活动中，公共财政框架体系已初步建立，取得了较好的效果。山东省在国务院、财政部的政策方针指导下，2012 年对农村现代流通服务体系等四项专项资金展开绩效评价试点，并于 2013 年对千万元以上的专项资金全面展开绩效评价工作。财政专项资金的绩效评价工作由财政厅领导，各部门的财务处负责协调各项资金的负责处室，并由各处室抽出专人负责各地市的专项资金评价工作，从组织体系上对顺利进行专项资金绩效评价提供保障。各地纷纷出台专项资金的绩效评价管理办法，要求各个部门全力配合。因此，各项政策的颁布实施、各级部门的重视以及组织体系的建立为财政支出绩效评价平台的建立提供了良好的政策及组织环境。

2. 经济可行性分析

按照效益的内在原则，对财政支出行为过程及其效果进行科学、客观、公正的衡量比较和综合判断，主要内容既包括行为过程的方法、措施和手段，也包括所产生的经济效益。新型城镇化建设财政支出绩效评价平台的经济可行性分析包括建设成本、平台建成后的效益及后期运营成本等方面。

首先，信息平台的建立需要一定的成本，包括前期的研发及系统的实施，主要包括软硬件的投入和人力资源的成本。随着信息技术的快速发展，建设财政支出绩效评价平台需要的硬件投入主要是服务器及服务器机房的建设，完全可以通过服务器托管或将服务器安放在财政部门网络中心解决这个问题，从而降低成本。软件和人力资源投入相对较大，因为需要开发专门针对新型城镇化建设财政支出绩效评价需求的信息系统，更需要与财政部门的预算等已有系统进行对接，与各政府部门的电子政务系统对接，与企业的 ERP 等系统进行数据交换等。由财务部门对各主管部门以及资金使用单位进行协调，成本会大大下降。

其次，信息平台建立以后，其重要的作用不仅仅表现在对数据收集及统计分析的自动化上，而且表现在评估失效的加强，结果更具客观性，对结果的分析更加深入从而提供的信息就更具有价值。而且，建立信息平台以后，不仅可以就新型城镇化建设财政支出的绩效进行评估并分析结果，而且能够与预算编制与执行、电子政务、企业 ERP 等系统进行数据共享，提高各项决策的科学性；建立项目库、绩效评价数据库等，提高专项资金分配、使用的效益，更好的达成各项财政资金的投资目标；各项数据收集、统计分析、挖掘等全部由系统自动完成，能够有效地节约人力成本。从以上分析，一旦财政支出绩效评价平台建立，会为新型城镇化建设财政支出绩效评价带来更大的效益。

最后，后期运营成本包括运营管理费用、系统维护费用等。前期费用如系统建设费用等主要由政府承担，后期运营费用由于系统提供信息服务等功能，可以由接收信息服务的单位承担以实现投入和产出的平衡，且采用信息平台进行绩效评价以后所节约的人力资源成本等要远远大于平台后期运营维护的成本。

3. 技术可行性分析

应用 Web 模式和数据库技术，新型城镇化建设财政支出绩效评价平台可以基于 . net 或者 J2EE 设计平台的基本架构。

（1）基于 . Net 的技术架构。. NET 框架是一个多语言组件开发和执行环境，它提供了一个跨语言的统一编程环境。. NET 框架的目的是便于开发人员更容易地建立 Web 应用程序和 Web 服务，使得 Internet 上的各应用程序之间，可以使用 Web 服务进行沟通。从层次结构来看，. NET 框架又包括三个主要组成部分：公共语言运行时（CLR：Common Language Runtime）、服务框架（Services Framework）和上层的两类应用模板——传统的 Windows 应用程序模板（Win Forms）和基于 ASP NET 的面向 Web 的网络应用程序模板（Web Forms 和 Web Services）。新型城镇化建设财政支出绩效评价平台可采用微软的面向服务架构来设计，基于 .Net 架构开发，中心数据库采用 MS SQL Server，数据交换使用 Biztalk，在安全性、技术先进性、扩展性等方面更有保障。

（2）基于 J2EE 的技术架构。J2EE 是在第二代 Java 技术基础上形成的框架体系，是一个可以在企业层面上进行运行的模式，能在环境中有效使用；能够满足和支持各种各样的关于计算机运行的条件和内容，是一个很高的、多层次的实用型平台，它具有很高的安全性和可靠性，并能在某种程度上扩展和延伸。J2EE 体系结构中 JAVA Servlet 和 JSP 都要编译为 Java Class 才作为 Servlet 运行，因此，执行效率会明显提高；而且 J2EE 完全支持和运行 XML，包含了独特的检验和调查 XML 的方式。XML 可以处理很多独立的平台上的信息，J2EE 就是开发这种独立平台的工具，前后者的结合使得体系结构比较完善。

构建新型城镇化建设财政支出绩效评价平台，可采用面向服务技术架构（SOA：Service – Oriented Architecture），基于 .Net 或者 J2EE 的开发技术，松耦合的设计模式。采用广泛接受的标准（如 XML 和 SOAP）提供在各不同平台之间的交互性，而松散耦合将分布计算中的参与者隔离开来，交互两边某一方的改动并不会影响到另一方，两者的结合意味着信息平台可以实现某些 Web Services 而不用对使用这些 Web Services 的客户端的知识有任何了解。

7.2.2　财政支出绩效评价平台的建设目标

新型城镇化建设财政支出绩效评价平台能够提供信息收集、信息处理、信息共享、结果挖掘以及结果反馈等功能及服务，为政府的资金分配、财政政策制订及企业的管理决策提供数据依据，因此平台的建设目标可分为总体目标和具体目标。总体目标包括：①为财政部门进行下年度预算提供上年度及本年度预算执行效益信息；②为政府制订新型城镇化建设财政政策，确定投资方向提供数据参考信息；③为企业和部门进行管理问题诊断提供数据，提升企业管理水平；④使公众对政府新型城镇化建设财政支出资金使用的方向及绩效有更多的了解，提高政务公开水平，进而增强社会公众对政府的监督力度；⑤从资金使用的方面反映政府政绩以及相关单位绩效，为部门或单位负责人的考评提供依据。

建设财政专项资金绩效评价信息平台应达到的具体目标包括：

（1）实现新型城镇化建设财政专项资金项目申报信息化，优化项目申报流程，提高申报效率。项目申报的信息化能够减少层级申报的烦琐，优化申报流程，保证数据的真实性和项目审批的公正性。通过电子申报表既能详细完整的记录项目的详细信息，又能实现申报表的信息标准化，避免出现信息缺漏、错填，同时能够实现对项目申报的监督，做到公平、公正。此外，通过项目库的建设，可以避免重复、低效项目的建设，有效提高专项资金的使用效率。

（2）简化工作流程，快速获取数据信息。财政支出绩效评价平台需要大量的财政相关数据支撑，包括录入的新型城镇化建设财政支出信息及需要调用的其他平台的数据信息，如专项资金预算数据、资金支出数据及相关支出效果的资料等，因此对数据的有效存储是平台建设的具体目标之一。绩效评价平台需要建立一套良好的支持绩效评价与管理的信息录入系统，简化工作流程，快速收集并储存数据信息，建立功能强大的数据库，为平台功能的实现作数据支撑，实现快速、准确、方便的绩效评价管理。

（3）打破传统绩效评价管理模式，实现信息技术与绩效评价的结合。绩效评价的客观化、数据化、流程化、信息化能够充分体现绩效平台较传统绩效评价方法的优势，平台可以通过调度系统获取专家库、指标库、中介机构库中的信息，进行多维统计分析和深度挖掘，形象化的显示绩效评价的结果，最终通过结果应用可以得到绩效评价的应用反馈。信息技术促使了绩效评价流程标准化。

（4）灵活设置财政专项资金绩效评价指标体系，充分发挥评价指标体系的作用。在新型城镇化建设财政支出绩效评价研究过程中，指标体系的建设始终是评价的核心，是决定评价成败的关键性因素，而针对不同的财政支出项目、不同的时空条件，绩效评价的指标体系应该进行适当的调整，绩效评价平台必须完成动态指标体系设置的功能，方便完成指标体系及评价标准的设置和调整。

（5）实现信息反馈，完善预算的有效使用。如前所述，进行绩效评价的根本目的和落脚点在于绩效评价结果的应用，因此平台必须实行绩效评价结果的信息反馈，通过与财政部门的预算系统、主管部门及政府的电子政务系统、资金使用单位的 ERP 系统等的数据共享，以及门户网站的信息公开系统，能够实现绩效结果与预算挂钩，为政府和资金使用单位进行管理问题诊断提供服务，以及有关新型城镇化建设财政支出使用绩效等方面的财政支出绩效评价结果应用。

7.3　新型城镇化建设财政支出绩效评价平台需求分析

新型城镇化建设财政支出绩效评价平台旨在帮助财政部门和预算部门根据设定的绩效目标，运用科学、合理的绩效评价指标、评价标准和评价方法，对政府部门在新型城镇化建设过程中所支付费用的经济型、效率性和效益性进行客观、公正的评价。新型城镇化建设财政支出绩效评价平台是一个独立又有机统一的管理平台，通过与其他财政支出绩效评价项目数据库连接，充分发挥其统一管理、集中调度的优势，实现财政支出绩效评价工作的信息化。为了能够更好地发挥平台的优势，从功能和信息两个方面对平台的需求进行分析规划。

7.3.1　用户模型构建

用户结构模型主要用以描述信息平台的用户构成及用户与信息平台之间的关系，依据财政支出绩效评价理论，结合新型城镇化建设财政支出绩效评价平台建设目标，确定平台用户主要包括财政部门、各级政府、资金主管部门、资金使用单位和广大社会公众，新型城镇化建设财政支出绩效评价平台的用户结构模型如图 7.1 所示。

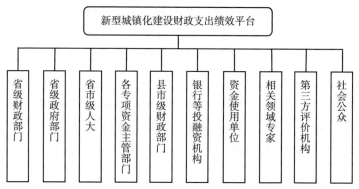

图7.1   新型城镇化建设财政支出绩效评价平台用户结构模型

7.3.2   用户信息需求分析

根据对新型城镇化建设财政支出绩效评价用户模型分析，不同的用户所需的信息服务是不同的。政府部门关注的是资金使用的绩效如何，有哪些信息可以为下年度预算及各部门考核提供依据；资金主管部门关注的是哪些资金使用单位及项目的建设绩效良好而哪些绩效差劣，需要对哪些项目追加资金或给予奖励以鼓励其建设，需要停止或者撤回哪些项目的资金等；资金使用单位则会关注本单位项目在整个财政支出使用项目中的绩效程度，找出差距，对照详细的评价细则及得分情况，获取诊断管理问题的信息；社会公众则关心财政资金的投向及支出的合理性、合规性问题，从中获取政府的绩效信息。具体来说，各层次的用户具体需求如表7.1所示。

表7.1   用户需求

用户	信息需求类别
省政府	各项新型城镇化建设资金的结构及最终绩效情况
市、县政府	本地区新型城镇化建设资金绩效及在全省中的位置
省财政部门	各新型城镇化建设资金的结构及支出绩效，下年度预算编制的参考数据

用户	信息需求类别
市、县财政部门	本地区新型城镇化建设资金的绩效收益情况
财政专项资金主管部门	所辖新型城镇化建设资金资助项目的绩效情况
资金使用单位	本单位项目的绩效情况，对应各项指标的得分情况信息
银行等投融资机构	新型城镇化建设资金支出绩效及反映出的投向信息
各级人大	新型城镇化建设资金分配及支出的合理、合法、合规性，及各项政策合理性
社会大众	财政资金使用的去向及绩效，政府的政绩

7.3.3 用户功能需求分析

新型城镇化建设财政支出绩效评价涉及诸多方面，既包含生产建设领域，也包含社会生活消费领域；既涉及中央与地方行政事业部门及单位，又涉及企业及社会各方群体，以及社会再生产的各个方面和环节。从用户角度来分析，实现的功能如下：

（1）政府。政府及财政部门需要从系统获取支持制定各项财政及经济政策的数据信息，因此需要财政支出绩效评价平台提供各种数据统计分析、报表生成以及数据深度分析的功能。

（2）财政部门。财政部门需要对本级财政所管理的各项新型城镇化建设财政支出进行绩效评价、监督以及预算编制的工作，需要系统提供数据的采集、统计分析、评价打分、结果展示、综合报告生成、监控数据挖掘及呈现、预算执行预警及预算编制数据参考等功能。

（3）各项专项资金主管部门。专项资金管理部门要对所管理资金支出绩效进行评价，通过评价监督新型城镇化建设专项资金的支出情况。因此，平台必须为专项资金管理部门提供项目申报、项目立项审批、项目结题、项目调度、项目绩效评价数据采集、项目绩效评价、资金使用单位绩效评价、专项资金的自评报告生成及提交、评价结果展示及提交等功能。

（4）专家及第三方评价机构。作为第三方评价结构，专家及中介机构需要财政支出绩效评价平台完成的功能主要包括绩效评价数据收集、筛选、统计分析、实施评价、报告生成及提交、信息查询、问题咨询与诊断等功能。

（5）项目承担单位及项目组。对新型城镇化建设财政支出进行绩效评价，最终会落实到各个专项资金项目上，项目承担单位应及时向主管部门上传项目信息，并对项目绩效进行自评，因此要求信息平台提供项目申报、调度信息上传、绩效信息，并提供绩效数据自动评分及问题诊断等功能。

（6）社会公众及银行等投融资机构。社会公众和银行等机构主要从财政支出绩效评价平台获取资金投向及绩效的信息，需要平台提供的功能包括项目立项公示、项目建设进度信息、项目绩效评价结果展示以及专项资金结构分析等功能，并通过与电子政务系统的数据共享监督政府行为。

因此，针对各平台用户所需的功能，新型城镇化建设财政支出绩效评价平台应建立一个从项目申报到项目结题，从绩效评价数据收集、结果呈现到绩效评价结果反馈应用，功能全面且整合多个平台的综合服务平台。

7.4 新型城镇化建设财政支出绩效评价平台总体架构

基于上述平台需求分析，本节对新型城镇化建设财政支出绩效评价平台的体系结构进行规划。体系结构是指从系统工程的角度考虑系统中要素的相互作用和层次结构，描述系统中各要素之间的信息传递，实现的相互依赖关系等。因此，从复杂系统视角，构建新型城镇化建设财政支出绩效评价平台，必须从纵、横两个方面明确平台体系结构的各个层面，确定平台与各部门及企业原有信息系统的关系，从财政支出绩效管理的全过程功能需求角度去设计新型城镇化建设财政支出绩效评价平台的体系结构。

7.4.1　总 体 概 述

新型城镇化建设财政支出绩效评价平台定位于省级财政支出绩效评价综合服务平台，所以信息平台将从业务和技术角度建设多个层面的系统平台以满足系统建设需求，采用面向服务技术架构 SOA（Service – Oriented Architecture）进行规划设计。采用构件技术，建立新型城镇化建设财政支出绩效评价的数据资源库，能够充分发挥社会资源的优势，实现公平、公正的专家评价、第三方评价、主管部门评价以及综合评价，实现统一管理的指标体系。平台主要包括基本信息管理系统、预算管理系统、项目申报系统、项目调度系统、绩效评价系统等五大系统，建立起项目库、专家库、评价指标标准库、企业库、案例库等支持数据库，并提供与企业 ERP、财务部门的预算与预算管理系统、政府的电子政务系统之间的数据交换平台，通过门户网站向社会大众提供信息公开，功能涵盖新型城镇化建设财政支出绩效评价的各方面，为新型城镇化建设财政支出绩效评价提供便捷、高效的绩效评价系统化信息管理。新型城镇化建设财政支出绩效评价平台采用 N 层架构，模块结构主要包括平台支撑层、应用支撑层、应用系统层、门户平台层以及保证系统安全可靠运行的统一管理和统一安全支持平台。

7.4.2　设 计 依 据

新型城镇化建设财政支出绩效评价平台可采用面向服务技术架构，松耦合的设计模式，采用广泛接受的标准 SOA（如 XML 和 SOAP）提供了在各不同厂商解决方案之间的交互性，而松散耦合将分布计算中的参与者隔离开来，交互两边某一方的改动并不会影响到另一方。这两者的结合意味着系统可以实现某些 Web services 而不用对使用这些 Web services 的客户端的知识有任何了解。SOA 体系结构的基本要素包括：

（1）客户端。客户端的作用是负责平台与用户进行交互，并且用户通过客户端进行业务流程的处理并查看处理结果，在新型城镇化建设财政支出绩效评价平台中，使用的客户端为一般式图形化的，这些图形化的客户端可以有不同种类型。新型城镇化建设财政支出绩效评价基本上采用 Web 界面与使用用户进行交互，此时也可采用 Java 的 Applet 程序实时访问系统并进行使用。最典型的应用是相关部门通过 Web 页面查看项目申报审核结果的情况或者进行项目申报等的操作。

（2）服务。服务是具有明确功能的 SOA 关键的软件组件，主要表现在三个方面：一是 SOA 的流程原则以及方法是面向服务来组建的；二是在选择开发工具时，SOA 也是选择面向创建和部署服务的工具来进行软件的开发；三是运行由 SOA 提供的系统时，基础设施也是面向服务执行和管理的。

（3）服务库。服务库是存储服务以及信息的虚拟地址，用户可以通过前台的访问查询或者对服务库内容进行访问，在新型城镇化建设财政支出绩效评价中，服务库存储的是服务的功能、分类以及服务内容。外界注册的服务以及该服务系统要找寻的服务都要符合服务库的规范存储，当服务库中的信息越来越多时，它的作用就有了突显。新型城镇化建设财政支出绩效评价可以通过 Internet 上的公共服务器来建立自己的服务库。

（4）应用系统。应用系统是对数据层的业务应用，对于来源于上层服务的具体实现。上述所有 VOA 元素，最终归集到通过应用系统实现其要求的服务。

（5）系统管理。系统管理是整个 SOA 使用的前提，是整个系统的指挥者以及协调者。它控制着所有系统使用者，比如对系统用户进行权限分配，当客户端与 UI 进行交互时，就需要管理和协调。

7.4.3　基于 SOA 的平台总体架构

根据新型城镇化建设财政支出绩效评价对于信息平台体系结构的要求，结合 SOA 的构建元素和财政支出绩效评价的信息、功能需求，构建基于 SOA 架构的新型城镇化建设财政支出绩效评价平台的总体结构，如图 7.2 所示。平台共分为五个层面：数据层、应用层、服务层、业务流程层和门户展现层，其中服务层又细分为服务目录层、服务管理层及服务库三个层次。

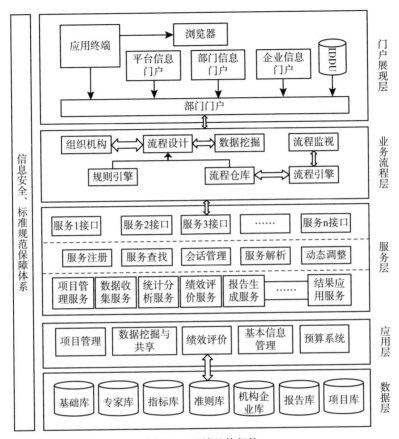

图 7.2　系统总体架构

1. 门户展现层

门户展现层是与用户进行交互的终端界面，它主要的作用就是将用户操作界面的服务请求发送给下面的业务流程层，同时将业务流程层返回的操作数据或查询结果反馈给用户，通过政府门户可以为业务流程层提供授权认证，由于终端用户的装备设置、连接方式以及相关技术的种类繁多，对于新型城镇化建设财政支出绩效评价平台来说，门户展现层最多的还是基于 Web 浏览器。

2. 业务流程层

业务流程层是基于 BPM 流程管理的，也是新型城镇化建设财政支出绩效评价平台的核心层之一，主要是以承担单位已有的业务过程管理系统为基础开展开发工作，该层主要包含财政支出绩效评价流程上的核心功能，如根据项目申报单位填制的项目申报表，分析部门预算编制和指标分配，从而进一步优化下一年度的预算编制；根据项目单位的实际情况以及评价信息优化选择审核通过的项目；对于项目申报的审批、监控和调度保证项目评价的执行和监督；同时用户也可以通过项目审批信息跟踪，实时的查看审核结果。该层主要面向项目承担单位、绩效评价人员、政府人员等，为他们提供良好服务的同时，建立和监控跨功能、跨部门、端对端的业务流程。

3. 服务层

根据 SOA 架构服务的特点，又将服务层划分为三层：服务目录层、服务管理层和服务库。

（1）服务管理层。服务管理层主要是对服务进行组合和管理，在该层中进行服务组合是指按照客户需求，将服务库中的服务粒子进行有机组合，从而形成新的业务组件，这些业务组件将构成业务流程层当中对应的具体业务流程。因为其中涉及服务粒度的划分及业务流程的解析等复杂问题，所以服务组合是 SOA 组件开发中的热点和难点问题。

（2）服务访问层。服务访问层作为服务层的中间层，主要作用是根据上层服务管理的需求对下层服务库中的具体业务服务粒子进行访问和操作，这些操作主要包括服务的注册、查找、动态解析和调用等。

（3）服务库。服务库中的服务是指从应用层的各个系统中封装出来的具有具体评价业务功能的服务，包括项目管理、信息收集处理、绩效评价、数据挖掘、结果应用等服务，从技术上来说它们是 SOA 的基础，从业务上讲也是新型城镇化建设财政支出绩效评价的基础。

4. 应用层

应用层以绩效评价子系统为核心，实现具体的业务处理逻辑，涵盖从财政支出预算编制到支出绩效评价以及评价结果应用的整个系统，包括各种应用软件包及用户权限等基础管理等模块。

5. 数据层

新型城镇化建设财政支出绩效评价平台的支撑数据库包括基础库、专家库、项目库、指标库、准则库、企业库、机构库等，为上层应用和服务提供数据支撑。在对不同形式和不同类型数据库进行操作时，使用一个统一的规范和标准是进行数据库操作的前提，数据的操作主要包括标准化处理、数据校验以及转化，在数据库内部主要包括数据库的链接以及 SQL 的执行。

6. 安全保障体系

安全保障是系统运行的卫士，基于 SOA 的新型城镇化建设财政支出绩效评价平台安全保障体系包括信息安全保障体系、标准规范体系以及建设和运营保障体系。信息安全保障体系主要是运用系统管理模块通过响应技术，对系统的权限以及体制管理等外网资源进行安全认证，这样可以充分的保障系统的安全性，防止因信息外漏而对相关单位及部门造成损失；标准规范体系是保障系统平台的可读性、易用性和扩展性。安全保障体系的作用是建立一套服务于系统的科学有效的运营机制，并通过系统化的建设管理和长期运行满足不同权限人员的要求。

7.5　新型城镇化建设财政支出绩效评价平台功能规划

以总体架构为基础，新型城镇化建设财政支出绩效评价平台主要功能可划分为信息管理、预算管理、项目管理和绩效评价四部分。本部分将对各功能模块的主要作用以及所涉及的数据来源和所提供的服务进行设计规划。

7.5.1　财政支出绩效评价平台功能结构

新型城镇化建设财政支出绩效评价平台应具备四大类功能，分别为基本信息管理、预算管理、项目管理、绩效评价。平台基本功能通过融合上述功能的各类子系统加以实现，数据量巨大，并且每一个子系统中的模块用户所拥有的权限各不相同。因此，平台设计了基本信息管理系统，用于管理包括项目单位工作人员、系统使用用户在内的所有人员、单位、机构等的基本信息，并分配于不同的权限。预算管理系统用于连接财政预算系统，查询调用项目的预算编制情况并反馈项目的实施效果及绩效评价分数，用作下一年预算编制的参考。项目申报系统相当于绩效评价部分的数据采集部分，项目单位在进行项目申报、项目结项申报时的信息可作为绩效评价的基础信息，专家及主管部门参考此部分信息对其进行评定。而绩效评价子系统涵盖了评估、考核、统计分析三部分内容，包括专家库、指标库、机构库、准则库等的信息设定，此子系统为绩效评价的主要部分，调用项目申报系统的基础信息，并反馈给预算系统相关信息。财政支出绩效评价平台需求功能结构如图 7.3 所示。

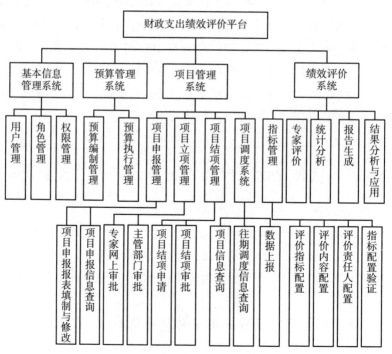

图 7.3　绩效评价系统功能结构

7.5.2　财政支出绩效评价平台功能分析

根据功能结构划分，新型城镇化建设财政支出绩效评价平台可进一步细分为五类系统：基本信息管理系统、预算管理系统、项目申报系统、项目测度系统、绩效评价系统。详细功能如下：

1. 基本信息管理系统

新型城镇化建设财政支出绩效评价是评价新型城镇化建设财政支出的执行是否具有良好的应用效果，因此，需要大量的项目信息，包括财政支出的执行项目的名称、时间、具体项目内容、所属单位、项目所得成果等信息，此平台可以提供信息录入的功能给工作人员，帮助工作人员录入相关信息，录入的信息同时可以作为绩效评价的数据基础，使大量烦琐的数据转换成直观、可分析、形象的图表，有利于迅速得出绩效评价结果。

（1）用户管理。此信息平台提供项目申报、立项、审批、结项、绩效评价等不同职能的功能，因此，不同的子系统面向的用户也不同，用户从不同子系统登录查看、使用的功能各不相同。此平台对不同子系统的用户进行统一管理，如审批专家的信息、财政单位职工信息、主管部门领导信息、系统管理员等，需要录入用户的相关信息，包括：用户账号、密码、用户姓名、性别、职务、所属部门、上级部门等基础信息。同时提供查询、修改、删除等功能，但都分别具有不同的权限。

（2）角色管理。平台不同的子系统面向的对象不同，需要分配不同的角色，拥有不同权限。例如基本信息管理子系统中包括了系统管理员的角色，项目申报系统中有项目组工作人员的角色，有专家角色对项目进行审批。其角色的区别决定了其在不同子系统中的权限。

（3）权限管理。不同的用户权限使用的平台功能不同，因此，平台用户需要分角色进行管理，录入信息包括：用户账号、用户密码、用户所属部门、用户权限等。用户管理还包括财政部门人员的管理，不同项目分管不同的领导，执行于不同的工作人员，因此对财政部门人员的管理也至关重要。平台用户管理提供部门、单位人员的姓名、性别、职务等信息录入，对人员进行统一管理。

2. 预算管理系统

部门预算采取自下而上的编制方式，编制程序实行"二上二下"的基本流程。平台的预算管理系统遵循以上规则，实现预算编制的多维分析以及数据的增、删、查、改功能，并对预算编制进行统一管理，为绩效评价审核提供数据基础。

（1）预算编制管理。新型城镇化建设财政支出绩效评价平台的评价结果可以反映出本年的编制的配置情况，并用作下一年预算编制的参考。此平台的预算编制管理模块提供不同年度、不同部门、不同单位的预算编制查询，并结合项目绩效评价结果给出下一年预算编制建议。需要实现的主要功能为预算编制录入及查询、绩效评价与预算编制比较、预算编制建议等功能。

（2）预算执行管理。主要反映了新型城镇化建设财政支出流向、使用情况，此模块需提供预算执行情况的查询，包括预算项目开始时间、结束时间、预算编制、预算执行总额、预算剩余、预算项目基本信息等。同时提供预算执行信息的录入，并通过多维图标等可视化方式显示预算执行情况的分析结果。

3. 项目申报系统

项目申报系统为用户提供项目申报、审批立项、结项等功能服务，主要针对项目进行数据获取、审批执行、查询功能等操作，包括项目申报管理、项目立项管理、项目结项管理三个功能模块。

（1）项目申报管理。第一，项目申报报表填制与修改。项目信息录入：由于项目信息的信息量巨大，因此，平台提供简单录入、批量录入两种录入方式。两种方式均提供按部门信息录入、按单位信息录入、按项目信息录入的功能。工作人员可以根据实际情况选择最便捷的方式录入项目的详细信息。项目信息包括：项目代码、项目名称、项目开始时间、项目结束时间、项目负责人、项目具体内容、项目审批单位、项目状态等项目相关信息。第二，项目报表填制需填写项目名称、项目编号、项目负责人、负责单位等信息，在提交申报前可以保存信息、修改信息、查询信息、导出 WORD 版本、下载打印等，填制过程需提供相关问题的提醒。项目提交申报后，可以进行项目申报的状态的查询、撤销项目申报（有效时间内）等操作。此功能作为财政支出绩效评价中的辅助模块，帮助相关部门单位进行项目申报，有利于结合平台的其他功能，更加便利、直接的进行绩效评价分析。第三，项目申报信息查询。平台信息查询功能提供针对录入的信息及审批结果的查询。用户可以通过平台查看项目的详细信息、部门用户的信息、部门的项目信息、项目的审批结果（状态：审批通过、待审批、审批不通过）等信息，此功能主要向使用者便捷地提供其所需的具体信息。同时通过多项结合功能，可以选择性的进行统计分析功能，此功能在绩效评价模块中的统计分析部分有详细介绍。第四，申报辅助工具。系统帮助包含帮助文档、填报提醒、系统环境监测、常见问题等一些辅助性工具；项目申报包含项目报表填制、项目申报、项目审批状态查询等功能；系统功能包含申报撤报申请、项目报表及说明打印、下载空白报表及说明等辅助工具。

（2）项目立项管理。首先，专家网上审批。此平台在项目申报子系统中除了对财政单位提供项目申报的功能外，同时还提供审批功能，专家可以通过平台的项目申报子系统中的项目立项模块登录系统，登录需要验证专家身份，分配相应权限。审批模块需向专家提供项目信息查询、项目信息详细查询、审批意见、审批打分等功能，最终由管理员对专家的打分综合评定，得出项目总分数，反馈给项目审批状态。其次，主管部门审批。项目通过专家的审批后，经审核建议设立的新型城镇化建设财政支出资金，由主管部门与财政局联合行文报市政府审批，经市政府批准后方可设立。主管部门审批模块可以查看带有审批状态的项目详细信息，同时可以查看专家的评定。登录模块同样需要身份验证，分配相应的权限。部门主管可以选择查看的信息，项目分为专家审核、非专家审核两类，主管部门可以分类针对不同信息进行审核，同时反馈审核结果，此时项目工作人员可以查看其相应项目的审核结果。

（3）项目结项管理。

项目结项申请。财政专项资金项目结束时，需提交项目结项申请，不同于项目申报管理的是，项目结项申请需提交项目的开始、结束时间、项目预定内容、项目实际内容、项目预期效果、项目实际效果、资金名称、使用范围、设立期限、背景原因、设立依据、各年度预算分配和实施计划以及专项资金预期要达到的绩效目标和检验绩效目标实现与否的相关专业指标等其他基本信息，涉及其他资金来源的还应说明各项资金的筹集计划，同时需提交相关文件的扫描件，其他辅助功能，例如 WORD 存档、打印下载、分类录入信息等与项目申报类似。

项目结项审批。收到设立财政专项资金结项的申请后，应对下列事项进行审核：专项资金设立的依据是否充足，是否符合国家财政政策和市委、市政府对财政管理的要求，是否与预算编制一致，专项资金的使用范围、绩效目标及相关指标是否符合财经法规和财务制度等规定。对于金额较大、影响面较广的新型城镇化建设财政支出项目结项申请，可同有关主管部门组织有关行业领域的专家，对待结项的财政支出项目的可行性和有关问题进行认真论证。经审核建议结项的财政支出项目，由主管部门与财政局联合行文报政府审批，经政府批准后方可结项。根据政府对设立财政专项资金的批复，在专项资金设立期限内，将各项财政专项资金列入年度财政预算。

4. 项目调度系统

项目调度系统作为整个绩效评价平台的数据收集部分，主要提供项目信息的查询、往期调度信息的查询以及数据上报的功能，是整个平台的数据收集器，作为流程上级模块的信息集合，为下级模块提供数据支持。

项目从预算批复到申报审批再到结项审批，每一个过程项目的状态、项目的信息以及项目审批的结果，都可以在项目信息查询这个模块查询到，并且调度系统往期的调度信息同样可以通过往期调度信息查询模块进行查询。使用者只要具有相关的权限，就可以查询项目相关的调度信息，主要包括项目在审批的过程中的状态及其他基本信息。除此之外，此模块还应具备数据上报的功能，各类新型城镇化建设财政支出的项目承担单位、主管部门以及县市级财政部门将通过此模块将项目有关数据上传到服务器数据库完成财政支出各层次的数据收集功能，此部分的数据不包括项目申报单已经上传的数据。

5. 绩效评价管理

绩效评价管理是平台的核心功能，完成从指标配置、标准设置、统计分析、考评打分、结果分析到结果应用的所有功能。

（1）指标管理系统。评价指标作为绩效评价的关键元素，平台提供指标的分类管理。评价指标包括基本指标、修正指标、评议指标。平台提供三种不同指标的分类录入，基本信息包括：指标名称、指标类型、指标使用范围。指标管理包括考核指标配置、考核内容配置、责任人配置、考核其管理和指标配置验证等方面的管理设置，具体内容包括：①考核指标配置。考核指标配置是否合理，直接决定了绩效考核能否取得成功。在指标管理系统中，系统可以根据选择的考核周期，提供考核期内的指标管理功能。在具体指标等级配置上，将考核指标分为三级，第一级为市级指标，第二级为区级指标，第三级为局（单位）指标。对当前考核期内或以前的期数，以各单位提供的考核指标、指标类型及权重的列表形式显示。对于未来下一期考核周期的指标，允许在考核期未开始前，重新配置各部门的考核指标及权重，一个部门的指标权重总和为100%。②考核内容配置。考核指标的设置为考核奠定了指标基础，但是指标必须与具体的内容相对应。指标管理系统中，可以根据选择的考核周期，提供某考核期内的指标对应的考核内容配置功能。对于目前考核期内或以前的期数，提供各单位考核指标范围下的考核内容、权重及责任人的列表显示。对于下一期考核周期的指标，允许在考核期未开始前，配置各单位考核指标范围下的考核内容、权重及责任人，一项指标范围内的考核内容的权重总和为该项考核指标权重。③考核责任人配置。在实际行政组织的绩效考核中，不仅考核是组织的绩效，而且还会考核个人的绩效。其中，对组织绩效的考核，会因考核结果而形成责任的追求，这就要求在实际考核内容中，将具体绩效考核的内容与部门的负责人进行关联。组织设置只要包括设置数据操作人员、自评报告上传权限、专家筛选、第三方评价机构设置等功能。④指标配置验证。绩效考核会因具体的考核周期而有所区别，比如在当前考核期内的考核指标、考核内容以及考核责任人的设置，会在未来的考核周期内失效，这样就要求对每一个考核周期的具体指标配置进行实际测量，以保证考核指标的有效性。指标管理系统充分考虑到指标的时效性，在系统中可以实现对当前绩效考核周期的指标、内容、责任人配置完成之后，对指标配置的有效性、完整性进行验证，以保障下一个考核周期绩效考核的可持续性。

（2）绩效评价实施系统。此模块中拥有相应权限的专家将根据收集到的数据对各类新型城镇化建设财政支出项目进行评价，提供专家及第三方机构选取、数据查询与结果展示、评价打分、问题诊断、意见建议提交等功能。为了使新型城镇化建设财政支出绩效评价体系更加有效并具有时效性，为专家评价系统提供相应的政策法规、管理办法公示、部分预算数据查询以及意见建议提交等功能。

（3）基础数据库维护系统。为支持上层的应用，必须将数据妥善存储，系统要提供完善的数据存储与维护的功能。底层的数据库包括基础库、专家库、指标库、准则库、企业库、机构库、项目库等。

基础库用于存放管理相关基础设置的信息，包括系统的配置、人员及其权限等信息。专家库用于存储有关绩效评价专家的信息。项目申请、结项，以及进行财政支出的绩效评价和结果诊断时都需要专家评议，建立专家库可以更便捷的邀请相关领域的专家对项目进行审核建议、绩效评价评分。平台中的专家库划分为不同领域，每一个领域中的专家注册有专家姓名、职务、毕业院校、学历学位、所属工作单位、研究领域、研究方向、主要荣誉、研究成果、联系方式等，对部分用户可以通过姓名、单位、研究领域、毕业单位等对专家进行查询，部门主管或工作人员在邀请专家进行项目审核时，可查询其联系方式，对其发出邀请。专家信息的录入在基本信息管理系统实现。

指标库用来存储新型城镇化建设财政支出绩效评价的指标体系，针对不同时空、不同的财政支出项目类型适时调整，分别设置。根据评价内容和设置要求，绩效评价指标可分为基本指标和具体指标。基本指标是对评价内容的概括性指标，具体指标是基本指标的进一步细化与分设。基本指标包括业务指标、财务指标。业务指标分别从目标设定情况、目标完成程度、组织管理水平、经济效益、社会效益、生态环境效益、可持续性影响等方面设定；财务指标从资金落实情况、实际支出情况、会计信息质量、财务管理状态、资产配置与使用等方面设定。具体指标包括定量指标和定性指标。定量指标是指直接可以通过数据计算分析评价内容、反映评价结果的指标；定性指标是指无法直接通过数据计算分析评价内容，需对评价对象进行客观描述和分析来反映评价结果的指标。财政支出类型不同，其个性指标体系也会相应地有差异，财政资金支出的时间和地域不同，指标体系也会有所不同。指标库用来存储和维护不同类型、不同评价对象的指标体系，分门别类地对各个对象存储不同的指标体系。指标库的内容由指标管理模块录入保存，指标库主要包含考核指标、考核内容、考核责任人等详细信息，指标库中对指标进行详细分类，用户可以通过不同的指标元素查询相关的指标内容。此处查询采用多级查询，查询不限定为单一的查询，可多级结合查询。同时，在计算各财政支出项目的部门评分、单位评分、项目评分、综合评分时，调用此库中的各项指标进行总评分的评定。

准则库用来存放在实施评价时所适用的准则，针对不同的指标体系分别设置，并且需要伴随时空条件的推移不断调整。在考核方法的配置方面，系统提供了对具体单位、考核指标、考核内容的考核计算公式设定。用户登录之后可以对业务规则进行设置，前提是具有权限才可以设置。业务的设置规则包括评估结果的分布等级设置、员工业务角色的管理，部门业务角色的管理，投票项的设置。

（4）统计分析。本模块主要包括三大模块内容：绩效评价评分、统计结果多维分析和成绩查询。绩效评价评分综合了各类审核结果、评分结果等，最终得出此项目的总评分以及最终的绩效评价结论建议。而统计分析情况以柱状图等多种形式显示，作为评估情况的总体参考数据。对于用户来说可以进行评估成绩的查询。普通用户只可以查询自己的成绩，领导可以查看某个人的成绩以及评估的具体情况。

项目业务数据统计。项目业务数据统计提供各单位业务数据的统计和查看。统计表单中的数据来源实际数据输入，并且可以根据具体单位的需求实现数据排序、统计时间段内的数据需求，多附件浏览查看等功能。业务数据统计充分利用了信息技术在数据统计方面的优势，减少了传统手工操作中的人为失误。

部门得分统计。部门得分统计提供各部门的绩效目标得分对比统计，并可划分为基本工作得分、第三方评价得分、督办工作和协同工作评分、综合性加减分、区领导直接打分五类，方便对比查看；并提供全区指标得分的统计和具体单位的业务数据统计连接。该系统还能实现对指定单位的基本工作得分进行分解，并列出加分和减分的考核内容条项，对正常的工作得分和工作中的薄弱环节得分进行分别显示，便于工作的检查和管理。

项目效果的统计。项目效果是评估新型城镇化建设财政支出项目的实际效果和质量情况的重要指标，是财政支持项目实施得到效益、效果的综合体现，是项目必要性的一种综合反映。项目效果作为一个综合考核指标，很难用量化的数字来说明问题，尤其在以数据反映的软件系统中，就更难体现出来。系统可以对各项效果指标和事项进行排列和对比，并能够进行数据排序、统计时间段内的数据需求、多附件浏览查看等功能。通过对数据不同类型的排列组合，最终反映一个项目的实际实施效果。同时与申报时提交的预期效果进行对比，是否达到预期效果并合理安排预算。

报告生成。针对各种评分结果，系统设置相应的模板，提供绩效评价报告自动生成的功能，并提交给报告撰写者进行修改完善，生成最终的绩效评价报告，存放于报告库中。

（5）结果分析与应用。新型城镇化建设财政支出绩效评价平台的目的不仅在于为项目申报审批以及信息管理提供技术支持，同时是为了更加直观地反映项目的实施效果与预算编制的合理性对比，能够为下一年的预算编制提供参考指标。因此，此平台的结果应用功能需要用户在结项之后提交项目效果、项目效果与预期效果对比、项目预算、项目预算与项目实际预算对比等信息传递给此模块。结果应用可以与预算管理系统相连接，对比预算编制的合理性，作为下一年预算编制的合理参考。此部分应拓展和运用多种数据分析挖掘技术方法，提升信息化平台的分析技术水平和应用效能。系统需要在评价工作结束 45 日内，以正式文件的形式，将评价项目绩效情况、存在的问题及相关建议反馈给被评价单位，被评价单位在一定日期需将整改后的情况以整改报告的形式反馈到系统中。因此，结果应用部分划分为三个功能模块：反馈报告、整改报告以及处理、奖惩系统。分别为拥有不同权限的人员登录，录入相关的报告信息，并对报告反馈的信息进行评价处理。奖惩模块主要针对评价中发现项目单位、主管部门有虚报项目、工作量等手段获取财政资金，或截留、挪用财政资金、或由于管理不善、决策失误造成财政资金严重浪费、损失的行为，除限期追回被截留、挪用的财政资金之外，还要根据相关法律提出奖惩建议，反馈给相关部门。

新型城镇化建设财政支出绩效评价平台是财政支出管理的核心内容和重要手段，能够实现对财政支出绩效评价基础数据、评价指标、评价方法、评价标准、实施过程及评价结果应用等全过程的管理，同时实现与企业系统、财务系统及电子政务系统的数据共享，提高财政支出绩效评价效率，提供更有价值的绩效评价信息，对促进新型城镇化建设财政资金的分配和监管监督、加强财政预算执行和财政收支预测具有重要作用，更是加强公众监督、廉洁从政的需要，更是保证政府公信力、实现经济高质量发展的需要。

第8章 推进地方政府财政支持新型城镇化建设的政策措施

通过对新型城镇化建设财政支持联动模式的理论构建、要素评价，以及基于 DEA 模式的效应检验，可以看出山东省新型城镇化发展作为一项长期系统的工程，涉及经济、人口、资源、环境、基础设施等方方面面，必须推进和保障各地市新型城镇化水平的协调均衡发展。因此，完善新型城镇化建设的财政支持模式，优化财政支持效果，应在财政引导支持的基础上，积极创建多元化投融资机制和产业支撑体系，完善其他配套措施。

8.1 完善并创新新型城镇化建设的财政管理体制

山东省各地市财政支持效应的非 DEA 有效决策单元投影分析显示，部分地市存在投入冗余率与产出不足率均偏高的问题。因此，如何以市场经济为基础完善并创新财力保障机制，优化财政支持结构，规范行政管理和财政管理体制，提升财政支持效率是推进财政支持新型城镇化建设亟待解决的首要问题。

8.1.1 合理界定各级财政的事权和支出责任

事权是一级政府的责任边界，财权则是事权的基础保障，在此基础上形成的财力则决定了政府完成事权的能力水平。我国目前的中央政府和地方政府事权范围划分基本还是延续着 1994 年分税制改革时的事权划分框架，这种带有明显过渡性的制度已经不适应新型城镇化建设。新型城镇化是一个公共化的系统工程，涉及政府的职责范围比较广泛，而且不断会有新的状况出现，产生出新的政府责任。因此，健全财权与事权相匹配的财政体制，是满足新型城镇化建设资金、确保公共服务供给的有效保证。

第一，应该清晰划分新型城镇化建设涉及的各级政府事权，特别是对于新生事权进行界定，明确相应的承担主体。对照事权，构建与新型城镇化建设税源结构相适应的财政收入体系，增强地方政府的财政汲取能力。当前，山东省新型城镇化建设进入快速发展期，公共服务供给总量短缺，城乡、区域差距较大，而财政体制中财权、事权划分不清，加剧了新型城镇化建设中的资金压力。因此，在新型城镇化建设中要明确划分各级政府财权和事权，建立权属清晰、责任明确的公共财政体制，为新型城镇化建设提供充足、稳定的资金来源。

第二，构建激励相容的成本分摊机制。新型城镇化建设是公共领域不断扩张的过程，这需要坚实的财力作为后盾。如何构建新型城镇化建设的成本分摊机制是促进以人为本的城镇化建设顺利实施的关键环节。在构建新型城镇化建设的成本分摊机制时，要依据公共产品的属性，严格区分政府与市场的边界，避免城市政府的越位、缺位、错位。对于一些混合公共产品，应积极引入市场机制，发挥财政资金的乘数效应，并根据公共产品的外部性程度来区分不同层级政府的责任。上级政府要对外部性程度较高的领域承担更多的责任，例如对跨区域流动的农民工子女义务教育、就业、社会保障、住房保障等方面进行补助，加大对人口流入地的财政支持。人口流入地的城市政府主要承担由于人口扩张所导致的基础设施投资成本，以及本辖区的农民工市民化成本等。

第三，各地市城镇政府应重点加大基础设施、公共服务和社会保障方面的投入，对于基础设施建设应以市场投入为主，政府给予适当扶持；公共服务、医疗则属于各级政府共同事务，应积极探索经费的负担办法，上级部门足额安排对城镇的拨款，同时不能要求地方安排配套资金，减轻其财政负担，充分保证地方政府提供公共服务的能力，为新型城镇化建设营造必备的发展环境。以山东省强镇扩权改革为例，可赋予镇级尤其是重点镇更多的管理权限，对重点城镇的税收实行属地管理，收入下放，地方留成部分作为镇级收入，合理确定小城镇财政的上缴基数，超收部分的全部或大部分留于镇级财政。对镇域内规定的各种收费，地方留成部分原则上归镇级支配，为重点城镇履行职责提供财力保障。可以借鉴浙江等地的经验，将镇域存量土地收益扣除社保风险基金后全额返还镇级，增量土地收益扣除毛收入10%和社保风险基金后全额返还给镇，增强镇级发展的积极性。

第四，调整和完善支出责任划分，适当集中市级事权与支出责任。当前我国城市事权和支出责任划分运行的最大特征是市级事权相对固定、支出责任相对稳定，而区县级事权和支出责任呈现膨胀和不堪重负的格局。区县级政府事权和支出责任呈现膨胀主要由以下因素造成：①民生保障支出不断提高，国家对民生保障支出政策不断加码，区县级财政承担的住房保障、困难群体生活保障、养老保障、医疗保障、义务教育保障等支出不断增加；②城市发展支出需求不断增加，包括公共设施和相关基础设施建设规模和要求不断提高；③由于城市空间扩大导致行政区划调整，使得辖区部分人员工资、社会保障等各项支出的标准和范围扩大等。鉴于上述情况，建议调整市区两级事权和支出责任划分，适度集中市级事权与支出责任。市级要承担更多的民生事权和支出责任，而让区县级腾出更多的精力和财力投入区内基础设施建设、产业发展、城市维护等。市区两级事权可进行分类归位，并有序从区县级上移市级相关事权，市级主要集中民生方面的相关事权，并在养老保障、住房保障、社会救济等养老和民政方面承担更多的事权和支出责任，以减轻区县级的事权和支出责任压力。

8.1.2　增强区县财政实力，建立财力保障机制

当前，多数小城市和小城镇还比较落后，公共服务供给水平低，而分税制改革以来，财权转移和事权下移导致基层财政困难，这就进一步加剧了新型城镇化建设的资金压力。财政分权体制改革与调整应充分考虑到城市财政面临的新形势，应适度提高城市财政收入分权而相对降低财政支出分权。上级政府应在那些具有显著外部效应的事务上承担更多的支出责任，而不应该把支出责任完全下放城市政府。同时，作为地方政府的城市

政府由于具有明显的信息优势，在提供与居民直接相关的公共产品和服务方面比上级政府更有效率，必然要承担大量与城市居民直接相关的事权和支出责任。因此，上级政府可通过增量改革以及适当增加城市收入分享比例的方式，逐步增强城市政府的财政供给能力，完善县级基本财力保障机制。

一是制定区县基本财力保障范围和标准，把人员经费、公用经费、民生等支出纳入基本财力保障范围。大力发展县域经济，加强收入征管，提高县级财政保障能力，要严格控制和精简财政供养人员，优化支出结构，确保城镇公共服务和民生政策的有效落实。

二是在努力争取中央支持的基础上，在财力性转移支付和专款补助方面加大对县乡倾斜力度。同时，省、市要加大对财政困难县的帮扶力度，通过建立更有效的激励性转移支付，鼓励市级财政加大对县乡帮扶力度，确保县乡机构正常运转，确保各项民生政策落实。

三是中央政府还应适当赋予各级政府举债的权利，从而更好地满足城镇化建设需求。财政分权体制下，举债权是地方政府财权的重要组成部分。市政债券具有规范和透明，便于监管，融资成本相对较低、与基础建设期限相匹配等其他债务融资方式不可比拟优点。因此，中央政府应该赋予有条件的城市政府发行市政债券，这样不但不会引起地方政府债务膨胀，反而通过公开透明的融资机制，能够有效控制地方债务风险的膨胀。

四是调整并改革现行的城市政府收入划分体系以及地方税体系，增强城市财政的供给能力。推进新型城镇化要因地制宜，地方政府势必会承担更多的责任，而城市群、产业群的发展路线又使得省以下层级的政府，尤其是市县一级的政府成为这种新型城镇化的主体。因此，新型城镇化过程中所需要的大量资金就成为地方政府面临的最大难题。在这种现实需求下，就要求对现行税制进行改革，增加地方政府的收入来源，培育地方政府的主体税种。在"省管县""乡财县管"等措施的基础上进一步划分税种。一些财产行为税，例如房产税、城镇土地使用税、耕地占用税等无论是从收益范围还是从征管便利上来看，应当作为城市政府的独立收入，取消与省级政府的共享。部分地区将城市建设维护税列为省级政府与市级政府共享税，但从财权与事权相一致的角度来看，城市建设维护税也应当视为城市政府的独立收入。

8.1.3　完善服务供给机制，优化财政支持结构

城乡分割的财税体制支农力度有限性导致新型城镇化建设质量的低下性和无效性。如何转变此种现存格局以此促进新型城镇化的健康发展，完善公共财政服务机制提供了启示与答案。首先，要转变政府职能，明确政府自身的职责范围，特别是对关系到新型城镇化发展的三农问题，政府应给予充足的资金投入，用以增加农民收入、缩小城乡收入差距。农民向城镇迁移的过程中，生活水平和生活质量能够得到较大幅度地提高，城镇化的本质也得到实现，政府的公共服务能力和支农力度也得到升华。同时，深化改革城镇基础设施的投入模式和管理体制，健全公共定价、市场准入、市场监督等机制，增加公共服务能力，维护社会公益，有助于实现城镇经济和谐稳定发展，也为实现新型城镇化贡献力量。另外，新型城镇化进程中，应充分发挥财税政策对贫困阶层的支持力度和服务机制，让大众都能享受到城镇化的发展成效。

实现城镇化进程中的区域、城乡协调发展，必须首先实现公共服务均等化，形成以基本公共服务均等化为导向的财政支出结构。对于新型城镇化进程中的一些省内跨区域性公共服务，省一级政府要主动承担起支出责任，特别是在义务教育、医疗卫生、社会保障等基本公共服务领域要加大投入。财政支出应该更多地投向长期"短腿"的社会事业，更多地投向义务教育、基础医疗和公共卫生、基本社会保障、廉租房建设、环境保护等方面。财政投入要更多地向农村和经济欠发达地区倾斜，加大对农村、贫困地区基本公共服务的投入，扩大公共财政在农村的覆盖范围，逐步实现城乡间的基本公共服务均衡配置和区域协调发展。

此外，通过科学设置财政收支结构，引导产业结构的合理调整。新型城镇化必然推进第三产业发展，第三产业的快速发展反过来会加快新型城镇化进程，并带动财政收入的增加。在各经济分量中，第三产业各部门的弹性系数较高，是形成税收的直接税源。在新型城镇化建设中通过调整产业结构来影响 GDP 的弹性系数，是提高财政收入占 GDP 比重的重要渠道。

调整产业结构,靠政府强迫不仅不能达到目标,而且还会造成诸多社会问题,这就需要科学设置政府间财政收支体制来引导有关方面科学规划产业结构。首先,对于现代服务业等新型产业提供的税收,上级政府在调整财政体制尽可能地划归城镇财政,鼓励城镇政府在发展这些新型产业上加大调控力度;对于城区内工业生产企业实现的税收,应实行增大上级政府分成比例的体制,通过减少城市分享利益,降低城市发展工业的动机。其次,对城市工业企业转移实施激励性财政政策。城市工业企业向周边小城镇或其他地区转移搬迁,目的地在原住地城市辖区内,原住地城市财政应给予搬迁企业相应的优惠政策;目的地在原住地城市辖区以外的,上级政府应对原住地城市给予适度财力补偿,并由目的地政府对企业给予相应的优惠政策。最后,统一规划,明确各城市功能定位。按照地理区位、产业结构等要素对全省城镇进行统一规划,明确各城镇功能类型,按类型分别实施不同的财政体制。

8.2 建立新型城镇化建设的多元资金投融资机制

面对新型城镇化建设财政资金短缺问题,应积极推进基础设施建设管理体制改革。打破政府垄断经营局面,引入市场竞争机制,发挥财政资金和财政政策的导向作用,吸附社会资本、民间资本参与城镇基础设施建设,尽快建立政府、企业、金融机构、个人等多元化投融资机制,拓宽新型城镇化发展的资金渠道。

8.2.1 发挥财政引导作用,鼓励多元资金投入

长期以来,我国区域新型城镇化建设的投融资方式主要采取地方政府"一元化"投资建设的体制。由于地方政府财力的限制以及政府失灵的存在,这种体制不利于区域新型城镇化建设投资规模效率的提升、结构效率的优化以及产出效率的增加。因此,建立一个以"政府投资为引导、市场运作为依托、社会参与为基础"的多元化新型城镇化建设投融资体制是提

高财政支持综合效率的必由之路。具体而言，可通过以下措施逐步实现：

首先，强化财政投入引导是吸引社会和民间资本参与投入的基础。以产权内在化理论或项目可经营系数为理论基础，通过投融资体制改革，实现新型城镇化建设项目的政府垄断经营向开发竞争的市场格局转变，保障适应社会经济发展的公共投资规模。在市场经济条件下，鼓励相互竞争的市场主体共同参与区域新型城镇化建设。各级财政可设立奖励资金，逐步加大对城镇规划建设提升奖励力度，提升城镇建设和管理水平。积极探索以股权基金方式来解决城镇化建设资金的问题，鼓励各级设立城镇发展基金，撬动民间资金投入，放大政府投入效应。

其次，调动社会资本投入。通过存量资产置换、出让公共设施经营权等方式，引导社会资本发展供水、供气、供电等公共事业。逐步扩大政府购买服务的范围，鼓励民间组织、国内企业、个人及外商以多种方式参与城镇建设及公共服务的提供。将城镇政府机关固定资产、可用土地和矿产资源、林业和水利产权等有效资源统筹利用起来，健全完善城镇融资平台，吸引民间资本进入，开辟投资新渠道。

最后，鼓励金融资本投入。金融系统要打破农村金融市场农村信用社的垄断局面，以优惠政策吸引城市金融资源向农村延伸，吸引股份制商业银行、城市商业银行以及外资金融机构在农村地区增设网点。其次，通过增设村镇银行等中小金融机构，为城镇化基础设施建设、农业产业化、乡镇企业发展提供更加灵活的金融工具和融资手段。进一步完善金融产业扶持政策，对新设立的村镇银行、贷款公司、农村资金互助社等新型金融组织，给予开办经费补助。再次，合理引导民间资本流入，推行联合的自然人贷款制度，在保留其民间借贷模式的同时将民间资本纳入商业金融体系之中，这样既满足了资金需求又将资金阻留在了私人经济部门，避免了可能存在的农村资金外流。鼓励小额贷款公司向村镇银行，农村信用社向农村商业银行过渡，对改制成功的给予补助。对设立的新型金融组织，一定期限内按上缴税收地方留成部分给予等额补助，建立完善多层次、运行健康的农村金融体系，为城镇建设提供金融支持。

此外，积极引入外资投入新型城镇基础设施建设。引入外资参与地方各城镇基础设施建设不但可以弥补国内城市建设资金的不足，而且可以引入新技术和提升管理水平，增强自身的"造血功能"，促进基础设施建设良性循环。城市基础设施建设引进外资一般可通过政府举借外债和外商直接投资两种方式。从目前情形来看，虽然我国颁布了大量外资投资城镇基础设施建设的优惠政策，但效果并不明显，外资利用方式单一，多数采用间接贷款方式，直接投资方式利用不足，还具有很大的上升空间。因此，应进一步加快城市基础设施建设和经营市场化改革，完善法制，改善投资环境，同时优化外资利用方式，鼓励外商直接投资。

8.2.2　发展产业投资基金，建立健全金融制度

城市基础设施投资基金系指一种专门投资于城市基础设施建设的产业投资基金。城市基础设施投资基金能够有效吸纳和集中社会闲散资金，缓解财政基建投资压力，促进基础设施建设市场化运作。基础设施产业投资基金在国外得到了良好的运用和发展，其中以澳大利亚为最。目前澳大利亚投资基金总量已经超过 1.04 万亿澳元（大约 1733 亿美元），年度复合增长率超过 11%，大量基础设施产业投资基金的存在，使得澳大利亚在基础设施建设中的财政支出从原来占预算的 14% 下降到现在的 5% 左右，大大降低了政府在基础设施建设方面的财政投入额。

近年来，虽然我国已经相继成立了一批产业投资基金，但是由于法律体系不健全、退出机制不畅，加上基金管理公司缺乏基础设施投融资经验，以及对基础设施产业的赢利模式和运营风险了解不够，导致这些产业投资基金对基础设施领域敬而远之。因此，各级政府和基金公司两方面均应积极采取措施，共同解除产业投资基金投资基础设施领域的障碍，充分发挥其为基础设施建设筹集资金的作用。一方面要简化产业基金审批程序，完善相关财税优惠政策；另一方面要完善促进基础设施投资的法律法规政策，切实保障投资者权益；最后要加强基金公司的基础设施投融资专业人才培养，可以将专业咨询机构引入基础设施产业投资基金的运作和管理，借助其丰富的经验和娴熟的投资技能来培育真正专注于基础设施投资基金的专业基金管理机构和人员。

在完善金融制度方面，应加强政策性银行对金融支持新型城镇化的引

导作用。首先，通过加大政策性金融机构对重点支持产业及企业的税收减免或返还，建立科技型企业、农业示范型企业发展基金等形式引导商业性金融机构对这些领域的资金投入，加大城镇化建设重点领域的金融支持。其次，利率市场化改革与贴息政策并举，支持新型城镇化的顺利推进。利率市场化可矫正金融的市场功能，但欠发达的城镇地区及农村地区则会在竞争中处于劣势地位，易导致经济社会发展差距的进一步扩大。有必要在合理的利率水平下对城镇经济实施贴息政策，对欠发达城镇地区和农村地区进行"反哺"，发挥利率市场化改革的最大效益。最后，实施差别化的金融监管政策。针对基层金融融资难问题可在信贷规模、贷款期限、利率等方面予以适度放开，放宽资本占用要求，提高风险容忍度，以更灵活的监管政策应对市场失灵。同时，取消国有大型商业银行县域支行信贷审批权"一刀切"的方式，区别对待不同城镇的具体发展状况。

8.3　强化新型城镇化建设的产业支撑作用

新型城镇化建设的关键是要有强有力的产业支撑，产业发展水平、能量和张力，直接影响着城镇的结构、功能和素质，决定着城镇的吸引力、辐射力和竞争力。而山东省财政支持联动模式评价结果表明，山东省新型城镇化总体产业实力不强，创新能力偏弱。为此，要着力推进财政支持新型城镇化建设的经济社会效益，必须把产业支撑放在重要位置。

8.3.1　加大农业扶持力度，着力发展现代农业

城镇化的发展与产业演进始终是同步的。第一产业对新型城镇化发展至关重要，是新型城镇化的前提条件。农业生产的发展水平，农业劳动生产率的高低，直接决定着非农业的发展水平。农业越发达，越向农业的深度和广度发展，提供的剩余劳动就越多，就可以有更多的农村劳动者进入城镇，从事第二、第三产业，非农产业劳动力比重就高。农业现代化是农业生产力发展的必然趋势，农业的现代化不仅是改变农业与农村落后面貌

的根本出路，也是保障经济持续稳定发展和推进新型城镇化的重要条件。城镇化是以农业现代化为基础和动力的，没有农业的现代化就不可能有高质量的城镇化。当前，我国农业现代化主要是用现代工业提供的技术装备农业，用现代生物科学技术改造农业，用现代市场经济观念和组织方式来管理农业，不断调整农业结构和农业的专业化、社会化分工，提高农业综合生产力，以实现农业总要素生产率水平的不断提高和农业持续发展的过程。

现阶段，通过省级财政安排农业产业化龙头企业扶持资金、农民专业合作组织资金等形式，加大现代农业财政扶持力度，夯实农业发展基础，着力发展现代农业，主要措施包括：首先，大力扶持一批农业规模大、消化农产品和劳动力能力强、带动农民增收成效显著的产业化龙头企业和农业合作组织，深化农业产业化经营。进一步落实和完善农资综合补贴动态调整机制，逐步完善农业补贴政策，加强对农业补贴的监督检查，确保补贴政策落到实处。其次，要努力抓好农业基础设施建设，切实增加投入力度，加快建设步伐，努力提高农业综合生产能力，尽快改变农业基础设施长期薄弱的局面。着力加大重点农田水利工程的投入，并通过加快农村公路建设，支持开展农村环境综合整治，搞好农业土地开发整理复垦等，为农业生产和流通创造有利的条件。再次，加快推进粮食作物生产全程机械化，稳步发展经济作物和养殖业机械化，加强先进适用、生产急需农业机械的研发，扶持发展农机大户、农机合作社和农机专业服务公司。最后，提高农业发展的科技支撑能力，顺应世界科技发展潮流，着眼于建设现代农业，大力推进农业科技自主创新，加强原始创新、集成创新和引进消化吸收再创新。加大农业科技投入，建立农业科技创新基金，支持农业基础性、前沿性科学研究，力争在关键领域和核心技术上实现重大突破。

8.3.2　发展城镇园区经济，培育优势特色产业

中小城市特别是小城市一般都是从小城镇发展起来的，尤其是现有条件较好的县级城关镇，可能撤县建市，成为新的小城市。其他部分基础条件好、发展潜力大的建制镇，如具有较大工业发展规模的工业型城镇，以

商贸为主的商贸型城镇，旅游资源丰富的旅游型城镇，交通便捷、人流物流量大的交通枢纽型城镇，历史文化遗产的历史文化型城镇等，可通过发展城镇园区经济，着力培养特色产业，发展成为新的小城市。

首先，各地市可根据自身园区经济发展水平，强化园区的集聚功能、服务功能、创新功能，发挥园区经济对城镇化的带动作用。未来我国产业园区发展中心将从招商引资向优化管理转变，从零散发展向拓展产业链和服务链转变，从园区建设向园区创造转变，从单一产业功能向产城融合、产业链集聚转变，从原先的竞争向园区合作共建转变。产业园区需摒弃对粗放增长、规模扩张的执迷，寻找内生式增长力量，实现质量与效率的均衡发展，将产业园区的发展建立在自身区域经济、特色产业的基础之上。各级财政应继续对园区基础设施建设贷款给予贴息支持，为其集聚各类创新资源、承接产业转移创造条件。促进企业跨区域合理流动，鼓励异地兴办企业，对省内青岛、济南等东部企业投资落户中西部开发区、投资额超过一亿元的大项目，财政给予贷款贴息补助。

其次，根据产业基础和资源优势，各地集中发展具有自身优势和竞争力的主导产业，突出产业特色，实施差位竞争，错位发展，发挥产业聚集效应，做大城镇经济总量。各级财政要逐步整合各类产业资金和涉农资金，加大对城镇经济的支持力度，重点向城镇的特色产业、现代化服务业、高新技术产业及新兴产业倾斜，扶持发展各类特色产业园区，促进主导产业做强做大，发挥辐射带动功能。一是每个园区可设定一个特色主导发展产业，提升增量，拓展产业价值链高端环节，延伸并完善特色主导产业链条；二是优化存量，积极引导但不强制园区内不符合主导产业的企业"关停并转"，推动现有产业环节提档升级，逐步优化各园区产业；三是完善支撑，即围绕特色主导产业创新需求，打造区域创新节点，支撑、引领产业创新驱动发展。

最后，在园区管理方面，通过完善体制机制创新园区运营摸索。围绕各园区主导产业，加快本地园区产业布局调整，避免各园区招商无序竞争。下放部分行政审批权限，对优秀的园区实行封闭式的园区管理模式，园区管委会设为地方政府派出机构，代表地方政府对开发区内的新增、经济和社会事务实行统一领导和管理，行使相应级别的管理权限。园区管理集土地、财政、税收等为一体，集中政府资源快速决策、强有力的推动园区发展，加快园区发展的决策和执行，从而实现园区产业发展的软硬件环境配套，增强城镇园区竞争力。

此外，城镇园区公共服务及配套服务应主要定为在依托附近大中型城市。链接大中型城市优势产业资源，加快各城镇园区的基础设施完善，提升园区发展环境，实现与当地经济密切关联、融为一体，全面带动本地经济发展。除了基本定位外，利用先进的网络营销，中小城镇也可以把视野放到区域以外的地方，参与到国际经济和全球竞争的大环境中。

8.3.3　优化产业空间布局，推动产业结构调整

新型城镇化必须有坚实的产业基础支撑，产业布局调整与拓展城市发展空间相结合，强化产业园区和城市综合体的载体功能，促进新型工业化与城镇化良性互动，不断增加城市就业岗位和增强城市的辐射带动能力。在产业空间布局上，按照主体功能定位，综合考虑能源资源、环境容量等因素，重视提高土地资源要素集约利用、环保等公共服务设施高效利用。一是优化服务业布局。引导产业在大中小城市、小城镇合理布局，优化生产力布局，促进大中小城市和小城镇协调发展。加快推进金融、信息服务、商贸物流、文化旅游和商务会展等区域性服务业中心建设。二是调整工业布局。坚持城乡统筹，强化省级以上工业园区建设，推进工业企业向园区集中，促进企业集聚发展。三是支持劳动密集型产业、农产品加工业向县城和中心镇集聚，推动形成城乡分工合理的产业发展格局，促进农业接地就近转移就业。

根据各地市资源环境承载能力、要素禀赋和比较优势，调整和优化区域产业结构，推进产业层次的优化与升级。首先，制定和落实发展新兴产业的规划和政策，推动传统产业改造升级，大力培育战略性新兴产业。壮大先进制造业和节能环保、新一代信息技术、生物、新能源、新材料、新能源汽车等战略性新兴产业，引导企业开发新产品和节能降耗，全面提升产品质量，引导企业以品牌、标准、服务和效益为重点，健全质量管理体系，努力把我省产品质量提高到新水平。其次，要完善服务业发展政策，

支持服务业关键领域、薄弱环节发展，支持有条件的大城市逐步形成服务经济为主的产业结构。优化服务业发展结构，适应新型工业化和居民消费结构升级的新形势，大力发展面向生产的服务业，大力发展面向民生的服务业，大力培育服务业市场主体。要高度重视和着力推动生产性服务业的发展，优先发展运输业，提升物流的专业化、社会化服务水平，推广现代物流管理技术，促进企业内部物流社会化，大力发展第三方物流，提升改造商贸流通业，推广连锁经营、特许经营等现代经营方式和新型业态。此外，要强化城市间专业化分工协作，增强中小城市产业承接能力，构建大中小城市和小城镇特色鲜明、优势互补的产业发展格局。

随着城乡协调发展呈现一体化趋势，在不同空间层次和不同地域范围形成的多中心结构，是相对集中的开敞空间系统与城镇化空间系统的紧密结合，是大中城市的拓展与小城镇的相对集中发展相结合。为创造良好的环境质量，农业保护地区级自然环境资源特色地区、生态环境敏感地带将受到更为严格的保护。

8.4　提升城乡公共服务与社会保障水平

城乡居民基本公共服务严重失衡的根本原因在于城乡二元公共服务结构。如果城市公共品供给和农村公共品供给不能统筹发展，二元状态得不到根本性改变，山东省乃至全国的城乡经济社会统筹发展就很难保证。推进城乡基本公共服务均等化，提高公共服务与社会保障水平，必须加快建立有利于改变城乡二元结构的体制机制，建立城乡统一的公共服务体制和公共产品供给体系，提升公共服务的深度和广度。

8.4.1　扩大城乡就业渠道，完善农村社会保障体系

就业是农民能够在城镇生存的首要条件，农民脱离土地后能否顺利进入非农产业，能否取得合适的就业岗位和得到较高的收入与其从事农业收入而言，是一个地区城镇化建设成功的关键。因此，要在打破城乡二元户

籍限制允许自由就业的基础上，重点解决进城农民的就业问题，加大对进城农民的人力资本投入，为农民工提供能力培训，提高生存技能。

（1）多渠道开发就业岗位。根据当地经济发展的需要，首先开发支柱产业及其配套服务业等领域的就业岗位，特别是要鼓励支持就业容量大的劳动密集型企业在促进就业方面发挥更大作用。其次发展第三产业，扩大就业容量。把发展服务业作为扩大就业的主要方向，鼓励发展社区服务、餐饮、商贸流通、旅游等行业，更多地增加这些行业的就业岗位。最后转变劳动就业人员的思想观念，鼓励劳动者通过非全日制、非固定单位、钟点工等灵活多样的方式实现就业，并积极引导农村劳动力自主创业。

（2）强化被征地农民技能培训。结合土地制度改革，政府财政可从土地使用收益中安排部分资金用于农民的就业。政府财政资助或设立公益性培训机构，对农民进行经常性、有针对性的职业技术培训，提高其从事非农产业能力。同时，通过培训中心与企业挂钩，加强"校企联合"，发挥企业的参与作用，形成"培训促就业，就业促培训"的良性互动。对自主创业的被征地农民、劳动力就业培训机构、吸纳农民工就业的中小企业给予财政补贴。对自谋出路从事非农产业的农民提供小额信贷支持，或者提供财政贴息贷款。对提供特定岗位，解决转移农民就业问题的企业给予一定财政补贴。

（3）加强公共就业服务机构管理，实行职业中介行政许可制度，促进公共就业服务向乡镇、农村延伸。首先完善就业援助政策，"以政策促就业"，对安置城乡失业人员就业的企业给予税收减免和社会保险补贴政策，促进就业；其次在引进项目中安置就业，"以项目促就业"，各地要建立就业档案，与落户的项目单位做好协调工作，优先考虑本地人员就业；最后政府及有关部门要积极搭建大中专毕业生自主创业平台，如建立创业基地，实施创业培训，建立创业风险基金，简化创业手续，减免创业开办费等，为大中专毕业生创业提供更多的服务。

在新型城镇化进程中，最理想的模式是建立与城区统一的农村社会保障制度。由于我国长期实行城乡分割的社会保障制度，农民没有享受与城市居民同等的社会保障，主要以家庭养老为主，生活困难者政府给予一定救济。因而要实现上述理想模式还需要一定过程，需要相应的制度安排逐步解决这一问题。

（1）扩大社会保障覆盖面，提高保障水平，完善报销结算方法。建立强制性的覆盖全体城乡居民的社会保障体系，把城镇职工、城镇居民、农民和被征地农民一并纳入保障范围，并建立政府统一的城乡社会保障基金，消除农村和城镇差别，不断扩大社会保障覆盖面。针对农村社会保障统筹层次低，报销结算不合理等问题，应不断提高统筹层次，跨市、跨省份设立农民工定点医院，形成全国统一的医疗信息化网络全覆盖。

（2）加大农村社会保障的财政支持力度。首先，进一步强化政府公共服务的职能，根据经济发展水平和各方面承受能力，提高财政用于社会保障支出的比重，逐步形成与经济发展水平相适应的社会保障。其次，从农村社会保障制度建设、管理体制规范、配套社会保障基金管理机制完善等方面增加财政支持，加大对农村基础公共设施建设的投入，加强农村教育和住房的保障，改善农村消费环境，加大农村社会保障制度的宣传力度，让更多的农民了解农村社会保障制度的优越性，帮助农民从土地保障中走出来。最后，加强对社会保障管理服务人员的素质培养，提升经办人员的专业技能和管理水平，同时加强管理机构监督机制的规范，让农民参与到监督工作中来，建立一支效率高、管理严格的监督队伍。

（3）完善农村社会保障体系，增强居民消费信心。加强"新农合""新农保"在农村的宣传工作，做好社会保障工作的连续性和流动性。政府财政应当加大对农村福利设施、生产基础设施的投入，逐步建立社会保险、社会救助、社会福利、慈善事业相衔接的覆盖农村居民的社会保障体系。健全完善最低生活保障制度、医疗保险制度、养老保险制度之后，建议推行农业保险制度，并积极发挥商业保险在健全社会保障体系中的作用。

8.4.2 提高公共服务质量，稳步推动新农村建设

新型城镇化的快速推进对政府除就业问题外其他公共服务的规模、结构和质量也提出了更高要求，也就是说民间经济的快速积聚要求公共经济生产公共物品应在提高质量的前提下进一步扩大规模、调整结构，扩大政

府公共服务的深度和广度。在统筹城乡发展、实现公共服务均等化过程中，山东省各地市应逐步实行城乡一体化的公共产品供给制度，合理调整城乡居民收入分配结构和政策，把农村公共基础设施建设和农村公益事业发展逐步纳入公共财政的支出范围，在公共财政资源配置上，加大对农业、农民、农村发展的支持力度，使城乡居民均等享受公共财政所提供的公共产品，逐步推进新农村建设。具体措施包括：

（1）合理规划城市空间功能，统一城乡社会保障标准。随着新型城镇化建设的深入，社会公共需求水平逐步提高，对公共基础设施、公共服务的需求逐渐呈现多元化，各级政府应围绕正确处理城市空间存量与增量的关系，以发展现代服务业为核心加大城市空间功能区规划力度，建立与市场化改革趋势相适应的市场准入制度、合同管理制度、公共定价与收费制度，促进公共利益与投资者利益的均衡；统一城乡之间养老、医疗、失业等类社会保障标准，解决城镇化发展的门槛问题，提高公共服务满足度。

（2）扩大公共财政覆盖农村范围，建立农村公共服务体系建设的财政支撑体系。要切实增大公共财政对农村公共服务设施和服务体系建设的投入，增加农村公共财政支出在整个财政资金中所占的比重，把农村公共基础设施建设和农村公益事业发展逐步纳入公共财政的支出范围，同时充分发挥财政资金的导向作用，通过财政杠杆引导更多的社会资金投资农村公共服务体系建设。

（3）优化配置农村教育资源，完善新型农村合作医疗制度，扩大社会救济覆盖面，将符合条件的农民工逐步纳入社会救济范围。加大城乡教育资源配置的力度，除按国家有关标准化要求改善农村教育硬件设施外，建议对城乡教师进行统一的调配，通过提高农村教师待遇、破格晋升职称或职务的方式，吸引城区优秀教师到农村学校工作。保障农民工随迁子女在居住地受教育的权利，将农民工随迁子女义务教育纳入城市教育发展规划和财政保障范围。推进社区医疗服务向农民工聚居地延伸，保障农民工享有国家规定的同等医疗卫生服务。除了从设备、基础设施上提高农村医疗机构的水平外，要特别注重通过利益导向提高农村医疗机构技术人员的经济待遇，千方百计留住人才和吸引高学历临床医学毕业生到农村工作。

（4）积极探索农业转移人口市民化的有效路径，促进农业转移人口个人融入企业、子女融入学校、家庭融入社区。强化各级政府责任，探索建立农业转移人口市民化成本分担机制，加快农业转移人口市民化进程。在提高农村公共物品供给数量与水平的同时，可以遵循农村教育资源集中整合的思路与做法，实现公共资源的适当整合，随着农村人口向城镇转移的步调保持一定的动态，避免出现公共设施闲置、浪费的情况。同样，城镇地区的公共服务也应保持一定的动态，考虑农村人口的转移因素。

（5）培育农村要素市场，促进城乡要素市场统一，促进资金、人才合理向农村流动，提升农村自身的造血功能。明确农村承包地、林地、宅基地的产权，使其能在银行质押、抵押贷款中发挥作用，同时建立农村土地交易所，促进农村土地使用权规范、有序流转；加快建立商品交易所，加速农村商品流通，提高农业抗风险能力；推进农村资本市场的建立，加强农村金融制度建设。

8.5　设立科学完善的财政支持评价与监督体系

根据前述财政支持联动模式绩效评价结果可知，山东省新型城镇化建设财政支持绩效管理工作在"创新能力""支出水平""财务管理"等方面还存在一些薄弱环节亟待改进。因此，设立并完善财政支持评价与监督体系，必须提升创新意识，摒弃政府包办思维，建立项目管理制度，形成财政支持"评价—应用—反馈—监督"的完整链条，提高财政支持效率。

8.5.1　建立公共项目管理制度，提高公共服务质量

随着城镇化、工业化加速，基础设施建设资金缺口加大，同时随着我国经济新常态的出现，财政收入增速明显下降。在此背景下，建立完善的公共项目管理制度，统筹推进公共服务领域深化政府和社会资本合作（PPP）改革工作，提升我国公共服务供给质量和效率迫在眉睫。在大力推进城镇化过程中，城镇基础设施和公用事业建设，需要巨额投资。在一般情况下，中央财政不可能拿出大量资金用于地方城镇建设，只能靠地方

筹集资金，组织实施。而在现阶段，我国实行市场经济体制和开放式经济，城镇基础设施和公用事业建设不可能再走政府全权包办、财政投资的模式，而要走向国内外市场开放、多渠道筹集资金、社会化开发的道路。这样，凡实现市场化经营的城镇基础设施和公用事业项目，就需要财政部门和有关部门配合，建立合理的定价与收费制度、市场监管制度，通过PPP 模式"促改革、惠民生、稳增长"的定位，进一步推动公共服务从政府供给向合作供给、从单一投入向多元投入、从短期平衡向中长期平衡转变，进而激发社会资本活力和创造力，形成经济增长的内生动力。具体实施措施包括：

（1）加大 PPP 模式推广应用力度。在中央财政给予支持的公共服务领域，可根据行业特点和成熟度，探索开展两个"强制"试点。在垃圾处理、污水处理等公共服务领域，项目一般有现金流，市场化程度较高，PPP 模式运用较为广泛，操作相对成熟，各地新建项目可"强制"应用PPP 模式，中央财政将逐步减少并取消专项建设资金补助。在其他中央财政给予支持的公共服务领域，对于有现金流、具备运营条件的项目，可"强制"实施 PPP 模式识别论证，鼓励尝试运用 PPP 模式，注重项目运营，提高公共服务质量。

（2）扎实做好项目前期论证。在充分论证项目可行性的基础上，各级财政部门应及时会同行业主管部门开展物有所值评价和财政承受能力论证。各级财政部门应聚焦公共服务领域，确保公共资金、资产和资源优先用于提升公共服务的质量和水平，按照政府采购法相关规定择优确定社会资本合作伙伴，切实防止无效投资和重复建设。

（3）着力规范推进项目实施。统筹论证项目合作周期、收费定价机制、投资收益水平、风险分配框架和政府补贴等因素，科学设计项目实施方案，确保充分体现"风险分担、收益共享、激励相容"的内涵特征，防止政府以固定回报承诺、回购安排、明股实债等方式承担过度支出责任，避免将当期政府购买服务支出代替 PPP 项目中长期的支出责任，规避 PPP相关评价论证程序，加剧地方政府财政债务风险隐患。要加强项目全生命周期的合同履约管理，确保政府和社会资本双方权利义务对等，政府支出责任与公共服务绩效挂钩。

（4）因地制宜完善管理制度机制。各级财政部门可根据财政部相关制度政策，结合各地实际情况，进一步建立健全本地区新型城镇化建设公共项目的制度政策体系，细化对地市及县域地区的政策指导。结合内部职能调整，进一步整合和加强专门力量，健全机构建设，并研究建立部门间的PPP协同管理机制，进一步梳理相关工作的流程环节，明确管理职责，强调按制度管理、按程序办事。

（5）充分发挥综合信息平台作用。各级财政部门应通过综合信息平台加快项目库、专家库建设，增强监管能力和服务水平。督促项目实施单位，依托综合信息平台，及时向社会公开项目实施方案、合同、实施情况等信息。加强信息共享，促进项目对接，确保项目实施公开透明、有序推进，保证项目实施质量。

8.5.2 加强财政支出评价应用，引导城镇科学发展

城镇化率高不等于新型城镇化水平高，人均GDP、人均财政收入、人均居民收入等反映城镇产业实力、政府实力、居民消费实力指标的高低构成了城市综合经济实力，教育、医疗、环境、公共卫生等社会保障以及就业水平的高低反映着一个城市的社会发展能力。推进城镇化发展，不能单纯地以城镇化率的提高、城镇人口的简单聚积加以衡量，而必须综合城市经济实力、社会发展能力等多项指标，建立一个综合性指标识别系统加以科学考察和验证，及时纠正城镇化进程中出现的问题。特别是对新型城镇化建设财政支出项目实行相对独立、客观和公正的效率后评价，是提升财政支出效率的重要机制。

新型城镇化建设财政支出项目的后评价工作能打破原有"重投入、轻产出""重分配、轻管理""重数量、轻质量"的管理模式，财政部门在财政管理中，要把绩效评价贯穿整个预算编制、执行和监督的始终。要加强绩效评价的社会宣传，不仅要求部门单位要树立绩效管理理念，将绩效管理全面纳入部门财务工作，还要让社会公众了解绩效评价工作，同时，财政系统内部各相关部门也要从财政工作的大局出发，积极配合，协调联动。绩效管理作为各部门利益的汇聚点，财政部门要有所作为、敢于作

为、能够作为，全面接受人大的绩效监督，主动配合审计部门加大绩效审计力度。事实上，财政支出后评价思想在我国至今未牢固建立，在加快探索建立既适合国情又符合国际惯例的财政支出后评价制度过程中，可采取以下保障措施：

（1）制定科学合理的评估实施办法，确立新型城镇化建设财政支出后评价制度的法律地位。我国应明确确定对各级政府投资的重大项目、重点工程以及一些特殊性项目实施后评价制度，并将其纳入基本建设程序，使后评价的功能得以实现并对投资非效率产生硬性约束。因此，可通过立法明确财政支出后评价的项目选择、操作程序、费用承担、信息反馈等重要环节。

（2）规范新型城镇化建设财政支出的后评价方法和参数。后评价方法是对财政投资项目开展后评价工作的具体手段和工具，应采取定量分析为主、定性分析为辅的方法。为保证各类项目后评价标准或参数的统一性和合理性，应根据我国社会经济情况、行业投资特性以及项目后评价的实际需要，对项目参数进行适时测算、调整和发布。

（3）按照效率原则合理确定开展后评价的新型城镇化建设财政投资项目。由于后评价工作需要投入一定的人力、财力和物力，因此财政投资项目的后评价也必须遵循成本—收益比较下的效率准则。根据各地实际情况，财政投资后评价项目的选择应基本限制在由各级政府出资的公共基础设施领域。

（4）建立新型城镇化建设财政投资项目后评价数据库，保障后评价信息反馈畅通有效。新型城镇化建设财政投资项目后评价完成后，应建立科学分类、规范管理的后评价数据库，以便加强后评价的结果应用和资源共享，提供后评价的质量和效率。同时，建立后评价信息反馈机制是后评价制度的关键性环节，后评价制度的效应大小就体现在后评价信息在新型城镇化建设财政投资项目中被采纳和应用的实际效果。一般后评价信息的反馈过程包含两大要素：一是后评价信息的报告和交流，即应及时反馈到投资决策、规划、立项管理、项目评估、项目建设等相关利益部门；二是后评价信息成果的应用，即不仅通过发现的问题来追究相关主体的投资责任，还应将其作为改进和优化未来投资决策的重要依据。后评价制度的效力直接取决于后评价信息的质量水平、采用程度及其作用深度。

8.5.3 提高地方公共投资效率，监督财政资金使用

改进公共服务供给方式。划分各级政府公共服务职能，明确职责范围，推进公共服务提供方式的社会化和市场化，在提供服务过程中尽可能引入市场因素，以此来提高管理效率，降低服务成本。改变过去公共服务统统由国家包揽的办法，一些公共服务项目也可交由社会团体或私营部门等非政府机构进行管理。主要措施包括：

（1）合理确定公共投资项目和公共投资计划，建立公共投资项目储备制度，优化公共投资项目论证程序。公共投资决策从区域宏观发展角度要考虑区域社会经济发展需求和当地政府财政供给能力的平衡，合理确定动态的公共投资规划，保障公共投资规模效率。建立公共投资项目储备库制度，除少数特殊或紧急公共投资项目外，大多数公共投资项目应在综合评价的科学理念基础上决定投资排序，确定投资优先级别。在公共投资项目决策中，明确公共投资可持续发展准则，改进公共投资结构效率，将是否有利于区域生态环境改善和经济自然和谐发展，作为公共投资可持续发展的具体标准，并将新型城镇化财政支持逐步从"经济效益型"向"社会、经济与生态的综合效益型"转变。从微观操作角度，强化新型城镇化财政投资项目的可行性分析和论证制度，严格规定所有的地方政府新型城镇化财政投资都应经过特定资质的咨询机构评估，重大投资项目实行专家匿名评议制度。

（2）加快建立新型城镇化建设公共投资的民主化决策制度，使公共投资反映公共意志和公共偏好。为避免新型城镇化建设中的"政绩工程""面子工程"所造成的投资决策失误，应在地方政府公共投资领域引入公开透明的民主决策程序，包括专家咨询会制、人大决策审议与核准制、公共投资项目公示等。通过这种民主化的决策程序，减少一定数量的低效率或无效率财政支出项目。在专家决策中也要尽可能贯彻公开透明原则，充分听取不同意见，提高公共投资决策的科学性。事实上，提高新型城镇化建设公共投资规划和项目决策的民主参与程度，会极大降低公共投资决策

的失误率，进而提升公共投资的综合效率。

（3）实行新型城镇化建设公共投资项目重大决策失误的问责制。由于各地新型城镇化建设的现实情况和公共投资决策失误的不可避免性，必须制定一套政府投资绩效考核办法，并出台针对地方政府和各部门重大决策失误的问责制。针对决策主体的责任追究方式主要包括取消当年评优资格、通报批评、责令在一定规格会议上作出书面检查、通过市级主要新闻媒体向社会公开道歉、停职反省、引咎辞职、承担法律责任。近年来，山东省各地市的行政问责程序和问责渠道不断得到规范，十七个地市大都制定了行政问责办法，例如《滨州市行政问责办法》《青岛市行政机关工作人员行政过错责任追究办法》《泰安市行政效能责任追究办法》等。但针对问责制度的思想重视程度、公务员职责体系、法律法规体系、问责主体、问责客体承担责任的方式体系、问责程序体系、配套制度体系、问责文化和问责环境等方面均需要进一步明确和完善。

财政资金有效监督方面，在城镇公共设施项目确定阶段，要有城镇市民参与城镇公共设施项目环节，使城镇公共设施建设真正符合大多数城镇居民的意愿。在选定建设者阶段，应完善招投标制度。建立财政资金在项目事前、事中及事后的监督审核，建立司法监督、行业监督和社会群众监督三结合的监督联动机制，并形成全面、到位和动态的制度体系。

（1）对新型城镇化建设公共投资应进行全面监管，避免出现监管盲点，对所有的政府投资项目都应纳入有效的监督约束制度框架，对重大公共投资项目则应重点稽查和监督，并建立相应的地方人大汇报制度。但对于绝大多数的非政府投资项目则应减少政府干预，根据"谁投资、谁决策、谁收益、谁承担风险"的原则进行项目备案。

（2）实施到位监管，杜绝流于形式的监管，防止监督效力不到位。监督的有效性不在于监督的规模、层次和规格，而在于监督的到位。监督的最终目标是防范道德风险问题的再发生或者扩大化。因此，应对新型城镇化建设普遍实施公共投资决策、公共投资执行和公共投资监督系统的三分离制度。同时监督点不仅设置于内部，也应包括一定的独立监督或外部监督。

（3）针对新型城镇化建设公共投资项目各环节实施动态的全方位监

管。在事前监管阶段，对投资方案的可行性、资金来源、投资规模和施工单位当进行有效监管，着重审查资金来源的可靠性及项目建设资金的合法性。在事中监管阶段，对已经施工的公共投资项目应通过集中核算、变更审批、质量监控等制度来保障投资资金的高效使用以及项目的内在质量。为避免财政投入资金的挪用并提高资金使用效率，在建公共投资项目应采用集中核算制或国库直接支付。事后监管阶段，在公共投资项目竣工后，实行严格的项目结算审核制、重大项目审计制和绩效后评价制，改变传统财政投入重事前审批轻事后监管的项目管理模式。特别是对于地方新型城镇化建设重大公共投资项目，需从全过程建立有效的监督制约机制。

参 考 文 献

［1］曾小春，钟世和．我国新型城镇化建设资金供需矛盾及解决对策
［J］．管理学刊，2017，30（2）：26－39．

［2］陈锡文．中国农村公共财政制度［M］．中国发展出版社，2005．

［3］陈志良．政府间财政关系比较研究［M］．中国财政经济出版社，
2004．

［4］成涛林．新型城镇化地方财政支出需求及资金缺口预测：2014～
2020年［J］．财政研究，2015（8）：52－57．

［5］程晓波．新型城镇化背景下地方政府债务管理制度创新——土地
储备专项债券发行的挑战与对策［J］．中国经贸导刊，2017（31）：35－37．

［6］仇保兴．关于城市化的若干问题［J］．宏观经济研究，1999
（4）：12－17．

［7］仇保兴．中国的新型城镇化之路［J］．中国发展观察，2010
（4）：56－58．

［8］崔功豪，杜国庆．关于城市带中国城镇发展研究［M］．中国建
筑工业出版社，1992．

［9］崔功豪，马润潮．中国自下而上城市化的发展及其机制［J］．地
理学报，1999（2）：106－115．

［10］丁菊红，邓可斌．政府偏好、公共品供给与转型中的财政分权
［C］．上海市经济学会学术年刊，2008：78－89．

［11］段冲冲，吴杰．新型城镇化背景下中国财政支农支出对农村居
民消费影响的实证分析［J］．湖北农业科学，2016，55（4）：1073－
1078．

［12］段国旭．城镇化进程的财政动力研究［J］．财政研究，2009
（1）：42－45．

[13] 段杰, 李江. 中国城市化进程的特点、动力机制及发展背景 [J]. 经济地理, 1999 (12): 79 – 83.

[14] 范柏乃. 城市技术创新透视: 区域技术创新研究的一个新视角 [M]. 北京: 机械工业出版社, 2004.

[15] 方创琳, 王德利. 中国城市化发展质量的综合测度与提升路径 [J]. 地理研究, 2011, 30 (11): 1931 – 1946.

[16] 方含. 人口城市化与政府财政支出研究 [D]. 浙江大学, 2008.

[17] 付焕, 张萌, 王静. 新型城镇化公共服务支出的经济增长效应研究 [J]. 现代经济探讨, 2017 (8): 111 – 118.

[18] 高培勇. 公共财政: 概念界说与演变脉络——兼论中国财政改革 30 年的基本轨迹 [J]. 经济研究, 2008 (12): 4 – 16.

[19] 辜胜阻. 中国自下而上城镇化的制度分析 [J]. 中国社会科学, 1998 (2): 60 – 70.

[20] 郭世芹. 基于新型城镇化质量的财政转移支付研究 [D]. 西南交通大学, 2018.

[21] 黄勇, 谢朝华. 城镇化建设中的金融支持效应分析 [J]. 理论探索, 2008 (3): 91 – 93.

[22] 贾康, 刘薇. 以"一元化"公共财政支持"市民化"为核心的新型城镇化 [J]. 中国财政, 2013 (10): 24 – 25.

[23] 贾康, 孙洁. 公私合作伙伴机制: 新型城镇化投融资的模式创新 [J]. 中共中央党校学报, 2014 (1): 64 – 71.

[24] 李斌, 金秋宇, 卢娟. 土地财政、新型城镇化对公共服务的影响 [J]. 首都经济贸易大学学报, 2018 (4): 69 – 78.

[25] 李程骅, 科学发展观指导下的新型城镇化战略 [J]. 求是, 2012 (14): 35 – 37.

[26] 李世斌. 中国新型城镇化建设中财政支出绩效评价研究 [D]. 吉林大学, 2017.

[27] 李子联, 崔苧心, 谈镇. 新型城镇化与区域协调发展: 机理、问题与路径 [J]. 中共中央党校学报, 2018 (1): 122 – 128.

[28] 林聚任, 王忠武. 论新型城乡关系的目标与新型城镇化的道路

选择 ［J］. 山东社会科学, 2012 (9): 50 - 55.

［29］刘畅. 地方财政、产业政策与新型城镇化发展研究——基于产城融结合视角分析 ［J］. 产业与科技论坛, 2017 (21): 94 - 95.

［30］刘立峰. 对新型城镇化进程中若干问题的思考 ［J］. 宏观经济研究, 2013 (5): 3 - 6 + 36.

［31］刘庆和, 张智勇. 欠发达地区的财政投入与城镇化进程 ［J］. 贵州社会科学, 2004 (4): 20 - 22, 25.

［32］刘士义. 我国新型城镇化的内涵及金融支持路径 ［J］. 城市发展研究, 2017, 24 (7): 63 - 67.

［33］马万里, 刘胡皓. 为什么中国的城镇化是人地非协调的? ——土地财政与土地金融耦合下地方政府行为的视角 ［J］. 中央财经大学学报, 2018 (8): 113 - 120.

［34］孟翠莲. 略论财政促进城镇化可持续发展 ［J］. 经济研究参考, 2010 (65): 40 - 42.

［35］苗建萍, 新型城镇化与新型工业化的互动发展机制 ［J］. 经济导刊, 2012 (1): 94 - 96.

［36］聂凯, 乔迁. 社会性公共服务、财政支出和新型城镇化 ［J］. 2018.

［37］商庆军. 公共财政政策的激励相容机制 ［M］. 经济科学出版社, 2010.

［38］佘定华, 蒋涛, 颜新建. 促进我国小城镇发展的财政政策选择 ［J］. 农业经济, 2007 (3): 65 - 66.

［39］宋生瑛, 梁新潮. 新型城镇化建设中的财政契合性问题研究——以福建省九地市为例 ［J］. 东南学术, 2018 (4): 146 - 154.

［40］孙文基. 促进我国城镇化发展的财政制度转型研究 ［J］. 苏州大学学报, 2011 (5): 62 - 66.

［41］孙永正. 加快新型城镇化进程的困境与对策 ［J］. 经济问题, 2017 (2): 56 - 62.

［42］孙宇娜. PPP 模式推进我国新型城镇化发展效率的财税政策研究 ［J］. 山西农经, 2017 (23): 10.

[43] 王桂新. 中国"大城市病"预防及其治理 [J]. 南京社会科学, 2011 (12): 55–60.

[44] 王建威, 何国钦. 城镇化发展与财政金融支持机制协同创新的效率分析 [J]. 上海金融, 2012 (6): 94–96.

[45] 王开科, 庄培章, 关阳. 城镇化与财政基本建设投资的动态关系研究——基于福建省的实证 [J]. 工业技术经济, 2010, 29 (6): 142–146.

[46] 王淑慧等. 绩效预算的财政项目支出绩效评价指标体系构建 [J]. 财政研究, 2011 (5): 20–23.

[47] 王星, 包雅钧. 经济新常态下我国PPP模式的财政效应分析及政策建议 [J]. 现代管理科学, 2017 (7): 27–29.

[48] 王旭. 美国城市发展模式: 从城市化到大都市区化 [M]. 清华大学出版社有限公司, 2006.

[49] 魏志甫. 支持新型城镇化发展的财政政策研究 [J]. 中国财政, 2012 (16): 65–67.

[50] 吴季松. 新型城镇化的顶层设计、路线图和时间表: 百国城镇化实地考察 [M]. 北京航空航天大学出版社, 2013.

[51] 吴江, 王斌, 申丽娟. 中国新型城镇化进程中的地方政府行为研究 [J]. 中国行政管理, 2009 (3): 88–91.

[52] 吴良镛, 毛其智. 关于我国中等城市发展问题的探讨——兼论京津冀地区中等城市的成长 [J]. 城市发展研究, 2005, 11 (6): 49–53.

[53] 吴杨等. 基于城镇化与新农村建设良性互动的统筹城乡发展战略 [J]. 管理学报, 2012, 9 (3): 376–379.

[54] 武小龙, 刘祖云. 城乡差距的形成及其治理逻辑: 理论分析与实证检验——基于城市偏向理论的视角 [J]. 江西财经大学学报, 2013 (4): 78–86.

[55] 席小瑾, 梁劲锐, 杨建飞. 地方财政竞争是否提高了公共基础设施投资效率?[J]. 华东经济管理, 2017, 31 (12): 114–123.

[56] 辛毅, 林万龙, 张莉琴. 财政支持农业的绩效评价 [J]. 宏观经济研究, 2003 (3): 41–44.

[57] 新玉言. 新型城镇化——理论发展与前景透析 [M]. 国家行政学院出版社, 2013.

[58] 徐明华, 盛世豪, 白小虎. 中国的三元社会结构与城乡一体化发展 [J]. 经济学家, 2004 (6): 20-25.

[59] 徐夕湘, 何宜庆, 陈林心. 基于 VAR 模型的福建省新型城镇化的财政金融支持研究 [J]. 发展研究, 2017 (6): 55-61.

[60] 徐延明. 新型城镇化中的财政支持效果评价与优化对策研究 [D]. 东北财经大学, 2017.

[61] 余红艳. 城镇化发展与财政政策相关关系的实证分析 [J]. 统计教育, 2008 (11): 60-64.

[62] 袁方成, 陈泽华. 迈向均衡发展的新型城镇化——一个 "人口—土地—财政" 要素耦合协调模型的分析 [J]. 华中师范大学学报: 人文社会科学版, 2018 (3): 1-16.

[63] 张飞. 新型城镇化背景下中央与地方财税关系研究 [J]. 经济与管理评论, 2017 (5): 67-73.

[64] 张继胜. 财政资源集成优化与城市群战略路径选择 [J]. 中央财经大学学报, 2018 (4): 19-29.

[65] 张军涛, 马宁宁. 城镇化进程中财政政策工具影响效应分析 [J]. 西南民族大学学报 (人文社科版), 2018 (3): 101-107.

[66] 张雷宝. 地方政府公共投资效率研究 [M]. 中国财政经济出版社, 2005.

[67] 张明斗, 王姿雯. 新型城镇化中的城乡社保制度统筹发展研究 [J]. 当代经济管理, 2017, 39 (5): 42-46.

[68] 张宁. 公共财政支出对新型城镇化与居民收入差距的影响——基于 VAR 模型的实证分析 [J]. 金融与经济, 2016 (2): 33-37.

[69] 张杨波. 新型城镇化、扩大内需与消费升级 [J]. 浙江学刊, 2017 (3): 129-134.

[70] 张义博. 财政支出及其结构的经济效应: 国外研究评述 [J]. 经济评论, 2012 (2): 139-145.

[71] 章磊, 张艳飞, 李贵宁. 财政支出项目绩效评价指标体系设计

框架及其应用研究 [J]. 当代财经, 2008 (8): 50 - 54.

　　[72] 赵旺. 土地财政与新型城镇化发展的经济增长效应 [J]. 对外经贸, 2018 (1): 101 - 104.

　　[73] 郑长德. 中国的金融中介发展与城镇化关系的实证研究 [J]. 广东社会科学, 2007 (7): 12 - 18.

　　[74] 中国经济增长前沿课题组. 城市化、财政扩张与经济增长 [J]. 经济研究, 2011 (11): 4 - 20.

　　[75] 周一星, 孟延春. 中国大城市的郊区化趋势 [J]. 城市规划汇刊, 1998 (3): 22 - 27.

　　[76] 朱金萍. 新型城镇化进程中财政与金融的协同作用 [J]. 中国集体经济, 2017 (18): 57 - 58.

　　[77] Ahn, T., Charnes A., Cooper W. W.. Efficiency Characterizations in Different DEA Models [J]. Socio - Economic Planning Sciences, 1988 (22): 253 - 257.

　　[78] Al - Mulali U., Ozturk I., Lean H. H.. The influence of economic growth, urbanization, trade openness, financial development, and renewable energy on pollution in Europe [J]. Natural Hazards, 2015, 79 (1): 621 - 644.

　　[79] António Afonso, Sónia Fernandes. Measuring local government spending efficiency: Evidence for the Lisbon region [J]. Regional Studies, 2006, 40 (1): 39 - 53.

　　[80] Antrop M.. Landscape change and the urbanization process in Europe [J]. Landscape & Urban Planning, 2015, 67 (1): 9 - 26.

　　[81] Argüeso D., Evans J. P., Fita L., et al. Temperature response to future urbanization and climate change [J]. Climate Dynamics, 2014, 42 (7 - 8): 2183 - 2199.

　　[82] Aschaner, David, Alan. Fiscal Policy and Aggregate Demand [J]. American Economic Review, 1985, (3): 117 - 127.

　　[83] Bertinelli L., Black D.. Urbanization and growth [J]. Journal of Urban Economics, 2004, 56 (1): 80 - 96.

[84] Bodenhorn H. , Cuberes D. . Finance and urbanization in early nine-teenth-century New York [J]. Journal of Urban Economics, 2018, 104: 47 – 58.

[85] Bruckner, M. . Economic growth, size of the agricultural sector, and urbanization in Africa [J]. Journal of Urban Economics, 2012, 71 (1): 26 – 36.

[86] Buckley M. , Hanieh A. . Diversification by Urbanization: Tracing the Property – Finance Nexus in Dubai and the Gulf [J]. International Journal of Urban & Regional Research, 2014, 38 (1): 155 – 175.

[87] Charnes, Cooper, Rhodes. Measuring the efficiency of decision-mak-ing units [J]. European Journal of Operational Research, 1978, 12: 429 – 444.

[88] Chenal J. Capitalizing on urbanization: the importance of planning, infrastructure, and finance for Africa's Growing Cities [J]. Foresight Africa Top Priorities for the Continent in, 2016, 26 (1): 82 – 83.

[89] Choi, W. G. , Michael, B. D. . Asymmetric Effects of Government Spending: Does the Level of Real Interest Rates Matter? [J]. IMF Staff Pa-pers, 2006 (53): 147 – 181.

[90] Christiaensen L. , De Weerdt J. , Kanbur R. . Urbanization and poverty reduction: the role of secondary towns in Tanzania [J]. Iob Analyses & Policy Briefs, 2016.

[91] Coggburn, J. D. , Schneider S. K. The Quality of Management and Government Performance: An Empirical Analysis of the American States [J]. Public Administration Review, 2003, 63 (2): 206 – 213.

[92] Cumming G. S. , Buerkert A. , Hoffmann E. M. , et al. Implications of agricultural transitions and urbanization for ecosystem services [J]. Nature, 2014, 515 (7525): 50.

[93] Diakosavvas D. . How to Measure the Level of Agricultural Support: Comparison of the Methodologies applied by OECD and WTO [C]. Agricultural Policy Adjustments in China after WTO Accession, 2002 (6): 23 – 26.

[94] Gollin D. , Jedwab R. , Vollrath D. . Urbanization with and without

industrialization [J]. Journal of Economic Growth, 2016, 21 (1): 35 –70.

[95] Gungor H. , Simon A. U.. Energy consumption, finance and growth: The role of urbanization and industrialization in South Africa [J]. International Journal of Energy Economics & Policy, 2017, 7 (3): 268 –276.

[96] Guterman, S. S.. In Defense of Wirth's "Urbanism as a Way of Life" [J]. American Journal of Sociology, 1969, 74 (5): 492 –499.

[97] Haughey P.. Cartel Urbanism: Finance and the Architecture of Displacement, Towards a New History of Urbanization [C] // The Worlds of Violence, Pan – European Conference on International Relations. 2015.

[98] Henderson, J. V.. How Urban Concentration Affects Economic Growth [J]. Social Science Electronic Publishing, 2000 (42): 1 –42.

[99] Henderson, J. V.. Urbanization and city growth: The role of institutions [J]. Regional Science and Urban Economics, 2007, 37 (3): 283 – 313.

[100] Isoda Y.. Is Japanese "Rural Regression" a precursor of counter-urbanization? [C]// General Meeting of the Association of Japanese Geographers. The Association of Japanese Geographers, 2017.

[101] Johansson, Anders C. , Wang, et al. Financial Liberalization and Urbanization [J]. Stockholm School of Economics Asia Working Paper, 2015.

[102] Kalnay E, Cai M.. Impact of urbanization and land-use change on climate [J]. Nature, 2003, 423 (6939): 528 –531.

[103] Kevin Honglin Zhang, Shunfeng Song. Rural-urban migration and urbanization in China: Evidence from time-series and cross-section analyses [J]. China Economic Review, 2003 (14): 385 –400.

[104] Kumbhakar, S. C. , Lovell, C.. Stochastic Frontier Analysis [M]. Cambridge: University Press, 2000: 200 –224.

[105] Kutz W. , Lenhardt J.. "Where to put the spare cash?" Subprime urbanization and the geographies of the financial crisis in the Global South [J]. Urban Geography, 2015, 37 (6): 1 –23.

[106] Lampard, E. E.. The History of Cities in the Economically Ad-

vanced Areas [J]. Economic Development and Cultural Change, 1955, 3 (2): 81 -136.

[107] Lee W C, Cheong T S, Wu Y. The Impacts of Financial Development, Urbanization, and Globalization on Income Inequality: A Regression - Based Decomposition Approach [J]. Social Science Electronic Publishing, 2017.

[108] Lehmann, S. Can rapid urbanization ever lead to low carbon cities? [J]. Sustainable Cities and Society, 2012, 3 (7): 1 -12.

[109] Macomber, J. The Role of Finance and Private Investment in Developing Sustainable Cities [J]. Journal of Applied Corporate Finance, 2011, 23 (3): 64 -74.

[110] Michael Biddulph, Bridget Franklin, Malcolm Tait. From Concept to Completion: Critical Analysis of the Urban Village [J]. Town and Regional Planning, 2003, 74 (2): 132 -145.

[111] Moomaw R L. Agglomeration Economies: Localization or Urbanization?: [J]. Urban Studies, 2016, 25 (2): 150 -161.

[112] Mosharrafa R, Mahmuda N. Carbon finance: Its implication against the untoward effect of climate change due to industrialization and urbanization [J]. Gan, 2014, 30 (3): 226 -229.

[113] Nguena C L. Urbanization and housing finance development matter: fresh empirical based lessons for African and Asian countries [J]. Africa Growth Agenda, 2010, 7 (1): 14 -18.

[114] Ozatac N, Gokmenoglu K K, Taspinar N. Testing the EKC hypothesis by considering trade openness, urbanization, and financial development: the case of Turkey [J]. Environ Sci Pollut Res Int, 2017, 24 (20): 1 -12.

[115] Pastor, J. T. , Ruiz. J. L. An Enhanced DEA Russell Graph Efficiency Measure [J]. EuroPeon Journal of Operational Research, 1999 (15): 596 -607.

[116] Pata U. K. . Renewable Energy Consumption, Urbanization, Financial Development, Income and CO_2 Emissions in Turkey: Testing EKC Hypoth-

esis with Structural Breaks [J]. Journal of Cleaner Production, 2018, 187: 770 - 779.

[117] Rana M M P. Urbanization and sustainability: challenges and strategies for sustainable urban development in Bangladesh [J]. Environment Development & Sustainability, 2011, 13 (1): 237 - 256.

[118] Renaud, B.. National urbanization policy in developing countries [M]. Oxford University Press, 1981.

[119] Saidi K, Mbarek M B. The impact of income, trade, urbanization, and financial development on CO2 emissions in 19 emerging economies [J]. Environ Sci Pollut Res Int, 2017, 24 (14): 12748 - 12757.

[120] Scott A J. Industrialization and Urbanization: A Geographical Agenda [J]. Annals of the Association of American Geographers, 2015, 76 (1): 25 - 37.

[121] Scott Rozelle, Jikun Huang, Linxiu Zhang. Emerging Markets, Evolving Institutions, and the New Opportunities for Growth in China's Rural Economy [J]. China Economic Review, 2002, (13): 345 - 353.

[122] Shahbaza, M., Lean, HH. Does financial development increase energy consumption? The role of industrialization and urbanization in Tunisia [J]. Energy Policy, 2012, 40 (1): 473 - 479.

[123] Swyngedouw E, Moulaert F, Rodriguez A. Neoliberal Urbanization in Europe: Large - Scale Urban Development Projects and the New Urban Policy [M]// Spaces of Neoliberalism: Urban Restructuring in North America and Western Europe. John Wiley & Sons, Ltd, 2012: 194 - 229.

[124] Tsai S. F.. Urbanization, Public Finance and Carbon Intensity - Based on Panel Data and Error Correction Model [J]. 2016, 9 (1): 23 - 24.

[125] Vance, J. E.. The Merchant's World: The Geography of Wholesaling [M]. Englewood cliffs: Prentice-hall, 1970.

[126] Wahab, M. Asymmetric Output Growth Effects of Government Spending [J]. International Review of Economics and Finance, 2011, 20 (4): 574 - 590.

［127］ Weber, A. . Theory of the Location of Industries ［M］. Chicgo University Press, 1929.

［128］ Wong, Christine, Bhattasali, Deepak, 吴素萍等. 中国: 国家发展与地方财政 ［M］. 中信出版社, 2003.